Pascals "Wette"
Ein Spiel um das ewige Leben

Das Fragment 233 der "Pensées" Blaise Pascals

von

Tina Sabalat

Tectum Verlag
Marburg 2000

Die Deutsche Bibliothek - CIP-Einheitsaufnahme

Sabalat, Tina:
Pascals "Wette" - Ein Spiel um das ewige Leben.
Das Fragment 233 der "Pensées" Blaise Pascals.
/ von Tina Sabalat
- Marburg : Tectum Verlag, 2000
ISBN 3-8288-8173-4

© Tectum Verlag

Tectum Verlag
Marburg 2000

INHALTSVERZEICHNIS

VORWORT I

1 GRUNDLAGEN 1
   1.1   PASCALS LEBEN UND WERK – IN HINBLICK AUF DIE ›WETTE‹ 2
       1.1.1 Das jugendliche Genie 2
       1.1.2 Exkurs: Der Jansenismus 3
       1.1.3 Frühe Religiosität 6
       1.1.4 Das Vakuum – eine Auseinandersetzung um die Leere 7
       1.1.5 Die weltliche Periode und ihr Ende in der ›Feuernacht‹ 8
       1.1.6 Schaffen nach der ›Feuernacht‹ 10
       1.1.7 Krankheit und Tod 13
   1.2   DIE »PENSÉES« 13
       1.2.1 Textgestalt, Überlieferung und Editionen 13
       1.2.2 Inhalt, Intention und Gliederung 17
       1.2.3 Der Adressat 23
   1.3   ZUSAMMENFASSUNG 27

2 ANALYSE DES FRAGMENTS 233 29
   2.1   GEWOHNHEIT UND GLAUBEN 29
   2.2   ENDLICHKEIT UND UNENDLICHKEIT 32
   2.3   DASEIN UND WESEN DES ENDLICHEN UND UNENDLICHEN 33
   2.4   DASEIN UND WESEN GOTTES 36
   2.5   PASCALS GOTTESBEGRIFF 38
   2.6   DUMMHEIT UND WEISHEIT 39
   2.7   ÜBERLEITUNG ZUR ›WETTE‹ 41
   2.8   BEDINGUNGEN DER ›WETTE‹ 42
   2.9   MUß MAN WETTEN? 44
   2.10 EINSATZ UND VERLUST 46
   2.11 EINSATZ UND GEWINN 48
   2.12 GEWIßHEIT UND UNGEWIßHEIT 51
   2.13 DER WEG ZUM GLAUBEN 54
   2.14 DIE ÜBERZEUGUNG DES SKEPTIKERS 58
   2.15 ›UNENDLICH – NICHTS‹. BETRACHTUNG DER ÜBERSCHRIFT DES FRAGMENTS 233 60
   2.16 ZUSAMMENFASSUNG 61

3 SPEZIELLE FRAGEN ZUR ›WETTE‹ 67
   3.1   UNTERSUCHUNG DER ARGUMENTATIONSSTRUKTUR DER ›WETTE‹ 68
       3.1.1 Der entscheidungstheoretische Hintergrund der ›Wette‹ 68
       3.1.2 Beurteilung der Argumentationsstruktur der ›Wette‹ in der Literatur 74
       3.1.3 Zusammenfassung 77
   3.2   INTENDIERT DIE ›WETTE‹ EINEN GOTTESBEWEIS? 78
       3.2.1 Untersuchung der ›Wette‹ hinsichtlich einer metaphysischen Beweisintention. 79
       3.2.2 Pascals Auseinandersetzung mit dem Gottesbeweis René Descartes' 87

    3.2.3 Intendiert die ›Wette‹ einen Gottesbeweis? Antworten der Literatur 94
    3.2.4 Zusammenfassung 97
  3.3 EINWÄNDE GEGEN DIE ›WETTE‹ 100
    3.3.1 Pascals Prämissen und andere Probleme im Kontext der ›Wette‹ 100
    3.3.2 Kritik an der ›Wette‹ in der Literatur 105
    3.3.3 Zusammenfassung 111

4 NACHWORT 113

5 LITERATURVERZEICHNIS 121
  BLAISE PASCALS WERKE IN GESAMT- UND EINZELAUSGABEN 121
  WERKAUSGABEN ANDERER AUTOREN 122
  SEKUNDÄRLITERATUR 123

Vorwort

BLAISE PASCAL (1623-1662) gilt seit seinen Lebzeiten als eine der größten Persönlichkeiten in der französischen, ja der europäischen Geistesgeschichte. Heute, in einem eher technisch und naturwissenschaftlich ausgerichteten Zeitalter, kennt man ihn vor allem als Mitbegründer der Wahrscheinlichkeitsrechnung, als Konstrukteur einer frühen Addiermaschine und damit als Wegbereiter der modernen Datenverarbeitung – so benannte man mit ›Pascal‹ eine Programmiersprache nach diesem Pionier. Auch PASCALS Verdienste um die Erforschung des Luftdrucks und des Vakuums sind weithin bekannt – so mißt man die physikalische Größe *Druck* in der Einheit ›Pascal‹ und würdigt so seine Leistungen auf diesem Gebiet.

Weitaus weniger bekannt ist heute, daß PASCALS Interesse nicht allein den Naturwissenschaften gehörte, sondern sich Zeit seines Lebens auf zwei sehr verschiedene Bereiche aufspaltete: Neben der Naturwissenschaft und der Mathematik beherrscht die *Religionsphilosophie* sein Werk. Diese Spaltung in PASCALS Leben und Werk beschreibt der französische Schriftsteller und Politiker CHATEAUBRIAND (1768-1848) wie folgt: „Il y avoit un homme qui à douze ans avec des *barres* et des *ronds*, avoit créé les mathématiques ; qui à seize avoit fait le plus savant traité des coniques qu'on eût vu depuis l'antiquité ; qui à dix-neuf réduisit en machine une science qui existe tout entière dans l'entendement ; qui à vingt-trois ans démontra les phénomènes de la pesanteur de l'air, et détruisit une des grandes erreurs de l'ancienne physique ; qui à cet âge où les autres hommes commencent à peine de naître, ayant achevé de parcourir le cercle des sciences humaines, s'aperçut de leur néant, et tourna ses pensées vers la religion [...] : cet effrayant génie se nommoit *Blaise Pascal.*"[1]

PASCALS berühmtestes religionsphilosophisches Werk sind die *»Pensées«*, die als umfassende *»Apologie des Christentums«* geplant waren, deren Fertigstellung jedoch durch PASCALS frühen Tod verhindert wurde. Trotz ihres fragmentarischen Zustandes geben die *»Pensées«* PASCALS komplexe religiöse und philosophische Haltung wieder, welche den Menschen und seine Existenz als sehr zerrissen sieht: Es herrscht ein „Bürgerkrieg im Menschen zwischen der Vernunft und den Leidenschaften"[2]. Die *»Pensées«* werden beherrscht von der Analyse dieser paradoxen Situation des Menschen – ein Fragment fällt indes aus diesem Zusammenhang her-

---

[1] CHATEAUBRIAND: *Génie du Christianisme.* [1802] In: *Œuvres Complètes de Chateaubriand.* Hrsg. von M. Sainte-Beuve. [Paris 1939] Nendeln 1975. Band II. Teil III, Kap. VI. S. 313.
[2] PASCAL: *Pensées.* [1670] Hrsg. von E. Wasmuth. ⁷1972. Fragment 412 (Laf. 621). S. 185.

aus, da es sich nicht mit der Ausdeutung des menschlichen Daseins befaßt, sondern dem Menschen vielmehr einen Weg aus dem paradoxen Krieg zwischen Vernunft und Leidenschaft aufzeigt: Gemeint ist das Fragment 233, auch bekannt unter der Bezeichnung ›*Pascals Wette*‹. Dieser Text ist wohl das bekannteste Element der gesamten »*Pensées*«, und er ist Gegenstand dieser Arbeit. Ich möchte an dieser einleitenden Position die ›Wette‹ in ihren Grundzügen kurz darstellen – damit auch schon im Vorfeld einer detaillierten Analyse dieses Textes bekannt ist, was gemeint ist, wenn von ›Pascals Wette‹ gesprochen wird: Ausgehend von der Tatsache, daß der Mensch im Diesseits weder einen eindeutigen Beweis für noch gegen die Existenz Gottes besitzen kann, inszeniert PASCAL die Frage, ob man an Gott glauben solle, als ein Spiel, als eine ›Wette‹ mit Einsatz, Gewinn und Verlust. Wie beim Wurf einer Münze kann sich der Mensch zwischen zwei Möglichkeiten entscheiden: Wie auf Kopf oder Zahl kann er darauf setzen, daß Gott existiert oder darauf, daß Gott nicht existiert. Welche dieser Möglichkeiten den tatsächlichen Zustand der Welt wiedergibt, ist zum Zeitpunkt der Entscheidung unbekannt, so wie bei einem Münzwurf nicht sicher vorhersagbar ist, ob Kopf oder Zahl fallen wird – nur Wahrscheinlichkeitsangaben sind möglich. Fest steht dagegen, daß der Mensch dieses Spiel spielen *muß*: PASCAL läßt dem Menschen die Wahl zwischen dem Bejahen und dem Verneinen der Existenz Gottes, nicht aber die grundsätzliche Wahl, zu wetten oder nicht.

Dies ist die Spielsituation, mit der PASCAL den Leser konfrontiert – und von der ausgehend er versucht, den Menschen zur Entscheidung für die Möglichkeit ›Gott existiert‹ zu bewegen. Dieses Bejahen der Existenz Gottes im Leser hervorzurufen, ist die eigentliche Absicht von PASCALS Argumentation im Fragment 233; als Motivation oder Anreiz der Entscheidung für diese Möglichkeit benutzt er den *Gewinn*, der dem Menschen bei einer Entscheidung für diese Möglichkeit winkt: die ewige Seligkeit. Sie wird als um ein vielfaches attraktiver als der beim Verneinen der Existenz Gottes zu erwartende Gewinn dargestellt – um die Seligkeit zu erlangen, soll der Mensch *wetten*, daß es Gott tatsächlich gibt. Gemäß dieser Überzeugungsintention PASCALS bildet die Argumentation für die Entscheidung für Gottes Existenz den Schwerpunkt der ›Wette‹ – den Menschen zum Bejahen von Gottes Existenz und damit zum Glauben an Gott zu bewegen, ist die zentrale Absicht des Fragments 233, der Sinn und Zweck von PASCALS berühmter ›Wette‹.

Die Frage, was diesen Gedankengang so bekannt gemacht hat, läßt sich nicht leicht beantworten, fest steht aber, daß dieses Fragment in der Religionsphilosophie vor allem durch die enthaltene *Verbindung von Mathematik und Religion* eine Sonderstellung einnimmt. Vor dem Hintergrund des oben erwähnten gespaltenen Interesses

PASCALS für die Religionsphilosophie auf der einen und die Naturwissenschaft auf der anderen Seite ist diese Kombination nicht weiter verwunderlich, für sich betrachtet ist sie dagegen ungewöhnlich – und muß es zu PASCALS Zeiten, also im Vorfeld der Aufklärung, noch weitaus mehr gewesen sein. Dabei ist die Verbindung von Mathematik und Religion nicht einmal das wirklich aufsehenerregende, das wirklich ungewöhnliche an der ›Wette‹: Der interessanteste Aspekt dieses Textes ist sicherlich, daß PASCAL das – im religiösen Bereich als Laster verurteilte – *Glücksspiel* benutzt, um dem Leser eine *religiöse* Entscheidungssituation mit all ihren Aspekten zu verdeutlichen; diese ungewöhnliche, um nicht zu sagen unerhörte und dadurch auffällige Verbindung von Glücksspiel und Glauben ist somit wahrscheinlich der Aspekt der ›Wette‹, der für ihre Berühmtheit verantwortlich ist. *Was* PASCAL zur Verbindung von Glücksspiel und Glauben angeregt hat, ist eine der zentralen Fragen, die man an die ›Wette‹ richten kann – wollte er provozieren, hielt er das Spiel für einen der Frage nach dem Glauben ähnlichen Entscheidungsfall und damit einfach für ein einsichtiges Beispiel oder hat er diese Verbindung ohne einen Gedanken an die damit erzeugte Problematik in den Text aufgenommen?

Diese Fragen werden seit ihrer ersten Veröffentlichung im Jahre 1670 an die ›Wette‹ gestellt, die Verbindung von Glücksspiel und Glauben in diesem Text erregt seit Jahrhunderten das Interesse verschiedenster Leute: Mathematiker und Logiker sehen die ›Wette‹ als einen frühen und ungewöhnlichen Anwendungsfall der Entscheidungstheorie; Theologen fragen eher, ob es sich bei der ›Wette‹ um einen Gottesbeweis handelt oder ob PASCALS Argumentation aufgrund der postulierten Pragmatik des Glaubens moralisch vertretbar sei; Philosophen wiederum mögen sich eher für das in der ›Wette‹ ausgedrückte Menschenbild wie auch für die von PASCAL entworfene Spielsituation selbst interessieren. Der ›Wette‹ wurde von ganz verschiedenen Seiten Aufmerksamkeit gewidmet – und letztendlich wurde auch die Idee, sie zum Gegenstand dieser Examensarbeit zu machen, durch die Besonderheit der in ihr gewährleisteten Verknüpfung der Frage nach dem Glauben mit der Frage nach der Entscheidung in einem Glücksspiel motiviert.

Neben einem tiefgehenden Verständnis des Fragments 233 als religionsphilosophischem Text ist es daher zentrales Ziel dieser Arbeit, die Verbindung von Glauben und Glücksspiel zu erklären – als auffälligste Eigenschaft der ›Wette‹ ist diese Verknüpfung der Schlüssel zum Verständnis der *Intention*, die PASCAL mit diesem Text verfolgte. Daneben soll in dieser Arbeit ebenfalls geklärt werden, welche *Funktion* die ›Wette‹ in dem umfassenden Werk *»Pensées«* einnimmt – ist sie durch die Verbindung von Glücksspiel und Glaube einfach ein auffälliges Element dieses Werkes oder nimmt sie auch in intentionaler Hinsicht eine zentrale Position ein?

Die Gliederung dieser Arbeit wurde so konzipiert, daß eben diese *Motivation,* die PASCAL zur Verbindung von Glücksspiel und Glauben verleitete, sowie die *Intention und Funktion,* die die ›Wette‹ in den *»Pensées«* einnimmt, aufgedeckt werden können. Der umfangreichste Teil dieser Arbeit wird daher in der Analyse des Fragments 233 und damit in der Gewährleistung eines fundierten Verständnisses des Textes der ›Wette‹ liegen – bevor Fragen nach der Intention des Autors beantwortet oder auch nur richtig gestellt werden können, muß der Gegenstand des Fragens, in diesem Fall also der Text, die Argumentation in der ›Wette‹, ausreichend bekannt sein.

Als allgemeine Einführung in die Thematik wird das *erste* Kapitel dieser Arbeit einige *biographische* und *bibliographische Grundlagen* erarbeiten. BLAISE PASCALS Leben und Werk soll im ersten Abschnitt dieses ersten Kapitels (1.1) betrachtet werden – immer schon vor dem Hintergrund der hier im Mittelpunkt stehenden ›Wette‹. Es geht also nicht um eine allgemeine Darstellung von PASCALS Person, sondern um die Betrachtung des Lebens und Wirkens des Mannes, der in seinen letzten Lebensjahren einen so außergewöhnlichen Text wie die ›Wette‹ zu Papier brachte. In der ›Wette‹ werden Religionsphilosophie und Glücksspiel verbunden – liefert PASCALS Biographie vielleicht die Gründe für diese ungewöhnliche Verknüpfung zweier einander doch eher fremder Bereiche? Da die Schrift *»Pensées«* in diesem biographischen Exkurs nur am Rande erwähnt werden wird, während ihre Kenntnis für das Verständnis der in ihr enthaltenen ›Wette‹ wichtig ist, möchte ich im zweiten Abschnitt des ersten Kapitels (1.2) näher auf dieses Werk eingehen. Neben der Frage nach den mit den *»Pensées«* verbundenen editorischen Problemen sollen vor allem der Inhalt, die Gliederung und die Intention dieser Schrift Gegenstand der Untersuchung sein. Die Betrachtung der Schrift *»Pensées«* wird – wie auch die Darstellung von PASCALS Leben und Werk – in Hinblick auf die spätere Interpretation der ›Wette‹ erfolgen; es geht also nicht um eine allgemeine Darstellung des Werkes, sondern um eine Einführung in die *»Pensées«* als Grundlage für das Verständnis der ›Wette‹. – Das *zweite* Kapitel dieser Arbeit wird sich dann ausführlich der Analyse der ›Wette‹ zuwenden und nach einem tiefgehenden Verständnis von PASCALS Argumentation streben. Dazu wurde das Fragment 233 der PASCAL'schen *»Pensées«* in einzelne Sinnabschnitte gegliedert, die nacheinander analysiert werden sollen – auf diese Weise soll sowohl Textnähe wie auch Übersichtlichkeit der Argumentation gewährleistet werden. Ergebnisse aus der Betrachtung von PASCALS Leben und Werk sowie aus der Darstellung der Schrift *»Pensées«* im ersten Kapitel werden in diesem zweiten Kapitel an verschiedenen Stellen ergänzend und erklärend herangezogen werden – nimmt die ›Wette‹ doch an einigen Stellen Gedanken auf, die PASCAL anderswo ausführlicher dargelegt oder theoretisch begründet hat. –

Das *dritte* Kapitel dieser Arbeit wird sich schließlich mit drei Fragen beschäftigen, die aus der Analyse des Fragments 233 hervorgegangen sind: Neben einer Untersuchung der Argumentationsstruktur der ›Wette‹ mittels der Entscheidungstheorie hinsichtlich ihrer logischen Gültigkeit (3.1) wird auch die Frage, ob PASCAL mit der ›Wette‹ einen Gottesbeweis intendiert habe, diskutiert werden (3.2); daneben sollen einige Einwände gegen die logische Schlüssigkeit der PASCAL'schen Argumentation wie auch gegen die moralische Qualität der Intention der ›Wette‹ angesprochen werden (3.3). Diese drei Themen sind im Verlauf der Analyse des Fragments 233 im zweiten Kapitel als interessant aufgefallen, um aber die dortige Untersuchung der ›Wette‹ nicht durch Exkurse zu stören, werden sie in diesem dritten Kapitel behandelt – hier besteht genügend Raum, um diese Fragen ausführlich zu betrachten. – Das *vierte* und letzte Kapitel dieser Arbeit möchte ich dazu nutzen, die aus den vorhergegangenen Untersuchungen gewonnenen Erkenntnisse zusammenzufassen, um so zu einem fundierten Standpunkt über die Intention und die Bedeutung von PASCALS ›Wette‹ zu gelangen. Gemäß dem oben angesprochenen Interesse an der in der ›Wette‹ enthaltenen Verknüpfung von Glücksspiel und Glauben wird es in diesem letzten Kapitel vor allem darum gehen, mit Hilfe der gewonnenen Erkenntnisse die Motivation und Intention dieser Verbindung sowie die geistesgeschichtliche Wirkung der ›Wette‹ zu erläutern.

Natürlich ist es noch zu früh, schon an dieser Stelle eine These zur Intention der ›Wette‹ zu formulieren – dennoch scheint es vor PASCALS Ruf als Naturwissenschaftler und Mathematiker auf der einen und als Religionsphilosoph auf der anderen Seite als sehr unwahrscheinlich, daß er bei der Verknüpfung von Glauben und Glücksspiel bei letzterem vor allem an die *Lasterhaftigkeit* dachte, die dem Spiel anhaftet. Auch *Provokation* als alleinige Intention der ›Wette‹ erscheint fraglich: Dieser komplexe Text versucht, mit Hilfe des Glücksspiels den Menschen zum Bejahen der Existenz Gottes anzuregen – eine reine Provokation des Lesers hätte PASCAL, der nicht zuletzt für seine offene und treffende Federführung bekannt ist, deutlicher und einfacher auf andere Weise erreichen können. Und daß er die Verbindung von Glücksspiel und Glauben ohne jedes Wissen um die damit gegebene Problematik in den Text übernahm, erscheint vor dem Hintergrund seiner Bildung und seines großen Interesses an religiösen Fragen als geradezu unmöglich.

Angesichts der Tatsache, daß PASCAL als Mitbegründer der Wahrscheinlichkeitsrechnung bekannt ist, und daß diese das Spiel immer als eines der Gebiete ihrer praktischen Anwendung verstanden hat, ist es wahrscheinlich, daß PASCAL bei der Anlehnung der Frage nach dem Glauben an Gott an die Frage nach der Entscheidung in einem Glücksspiel mehr an mathematische, rationale Kalkulationen als an

Lasterhaftigkeit dachte. Es ist naheliegend, daß er die einer Entscheidung im Glücksspiel vorausgehenden mathematischen Kalkulationen als geeignet ansah, um die rationalen Überlegungen zur Frage nach der Entscheidung für Glauben oder Unglauben darzustellen. Nicht die Lasterhaftigkeit des Glücksspiels ist somit PASCALS Motivation für die Konzeption der ›Wette‹, sondern die mathematischen, wissenschaftlich erklärbaren Strukturen, die sich hinter dem Spiel verbergen. Doch auch dies ist ungewöhnlich: Wenn PASCAL die Frage nach dem Glauben an Gott auch nicht unmittelbar als Spiel ansieht, geht er doch davon aus, daß man die Frage nach dem Glauben mit mathematischer Methodik beantworten kann – nichts anderes bedeutet die Gleichstellung der Entscheidung im Glücksspiel mit der Entscheidung bezüglich des Glaubens an Gott in der ›Wette‹: PASCAL überträgt die rationalen und pragmatischen Überlegungen im Vorfeld eines Spiels auf eine religiöse Fraugestellung; Glauben wird zum Ergebnis eines Kalkulationsprozesses. Eben diese Gleichstellung ist aus theologischer bzw. religionsphilosophischer Sicht nicht unproblematisch, zumindest aber ungewöhnlich. In der ›Wette‹ erhält Religionsphilosophie eine erstaunliche, wenn nicht völlig neue Ausrichtung – ist PASCAL hier als Begründer und die ›Wette‹ als Wegweiser einer ganz neuen Richtung in der Religionsphilosophie zu sehen? Diese und andere Fragen wird diese Arbeit zu beantworten suchen.

Zuletzt möchte ich noch auf die Literaturgrundlage dieser Arbeit eingehen. Wie im ersten Kapitel (1.2.1) noch deutlicher werden wird, ist die Edition der *»Pensées«* aufgrund ihres fragmentarischen und handschriftlichen Manuskriptes sehr schwierig, die vorhandenen Ausgaben ordnen die einzelnen Textstücke unterschiedlich an und bringen zudem unterschiedliche Lesarten der Fragmente. Die mir vorliegende deutsche Übersetzung der *»Pensées«* stammt von EWALD WASMUTH und erschien 1972 in der 7. Auflage. Der Herausgeber stützt sich dabei sowohl hinsichtlich der Anordnung der Fragmente als auch hinsichtlich der französischen Textgrundlage auf die Ausgabe der *»Pensées«*, die 1904-1914 in der Reihe *›Les Grands Écrivains de la France‹* von LÉON BRUNSCHVICG herausgegeben wurde und sich dort als Band XII-XIV in das Gesamtwerk BLAISE PASCALS einordnet. Aufgrund dieses Bezugs der deutschen Ausgabe WASMUTHS auf die französische Ausgabe von BRUNSCHVICG, aber auch, weil die Edition BRUNSCHVICGS in der Forschung allgemein anerkannt ist, wird diese hier herangezogen, wenn an einzelnen Stellen die deutsche Übersetzung am Original nachgeprüft werden muß. Da die von BRUNSCHVICG eingeführte und von WASMUTH übernommene Anordnung und Numerierung der Fragmente indes mit der ebenfalls recht verbreiteten Zählung der Ausgabe von LOUIS LAFUMA (*»Pascal: Œuvres Complètes«*. 1 Band. Paris: Éditions du Seuil. 1963) konkurriert, wird hier jedes Zitat mit *beiden* Zählungen versehen: Der Benennung des Fragments in der BRUNSCHVICG-Zählung folgt in Klammern die von LAFUMA zugeordnete Nummer: Fragment 233 (Laf. 418).

Wie bereits erwähnt, ist die ›Wette‹ seit ihrer Veröffentlichung gegen Ende des 17. Jh. stark diskutiert worden – der Bestand an Literatur zu diesem Text ist entsprechend groß und reicht von theologischen Betrachtungen bis hin zu entscheidungstheoretischen Analysen. Da die Aufgabe dieser Arbeit vor allem in einer eigenständigen Analyse und Interpretation des Fragments 233 besteht, spielt die Sekundärliteratur hier eine eher untergeordnete Rolle: Sie wird im 1. Kapitel zur Darstellung der Biographie PASCALS verwendet werden, während im 3. Kapitel die Haltungen einiger Wissenschaftler zur Abgrenzung der eigenen Position zitiert werden sollen. Das Literaturverzeichnis dieser Arbeit gibt dementsprechend nur die Werke an, die tatsächlich herangezogen und zitiert wurden – es ist also keinesfalls eine Bibliographie zu PASCALS ›Wette‹.

1 GRUNDLAGEN

Dieses erste Kapitel dient der Einführung in das *Leben und Wirken* BLAISE PASCALS. Diese Informationsgrundlage ist notwendig, um die ›Wette‹ adäquat interpretieren und hinsichtlich ihrer Intention und Funktion bewerten zu können; nur auf dem Hintergrund von PASCALS außergewöhnlicher Persönlichkeit wird die ›Wette‹, ein außergewöhnlicher Text, verständlich.

Dazu sind zwei Abschnitte geplant: Zuerst möchte ich einen Blick auf *Pascals Leben und Werk* werfen (1.1). Besonderes Interesse gilt dabei seinen theologischen und wissenschaftstheoretischen Schriften, die für die Interpretation der ›Wette‹ von Bedeutung sind. Zudem wird ein kleiner Exkurs nötig sein: Da PASCAL Anhänger der Jansenisten, einer katholischen Reformbewegung, war, muß diese religiöse Gruppierung hinsichtlich ihrer Lehre sowie hinsichtlich ihrer historischen Entwicklung und Bedeutung kurz vorgestellt werden. – Neben der Darstellung von PASCALS *Leben und Werk* möchte ich in diesem einführenden Kapitel auch schon einen Schritt hin zur Interpretation der ›Wette‹ tun: Die Schrift *»Pensées«*, welche die ›Wette‹ beinhaltet und welche in der biographischen Übersicht lediglich bezüglich ihres Entstehungszusammenhanges erwähnt werden wird, soll im zweiten Abschnitt dieses Kapitels (1.2) explizit eingeführt werden. Dort wird es um die Gliederung, den Inhalt, den intendierten Adressaten und andere Aspekte gehen, die mit dieser wohl wichtigsten religionsphilosophischen Schrift PASCALS verbunden sind.

Hauptintention dieses ersten Kapitels ist damit die Einführung der Person BLAISE PASCAL unter besonderer Berücksichtigung seiner Schrift *»Pensées«*; auf dieser Grundlage soll im zweiten Kapitel dieser Arbeit mit der eigentlichen Interpretation der ›Wette‹ begonnen werden.

1.1 Pascals Leben und Werk – in Hinblick auf die ›Wette‹[3]

1.1.1 Das jugendliche Genie

BLAISE PASCAL kam 1623 im französischen Clermont als Sohn des ÉTIENNE und der ANTOI-NETTE PASCAL zur Welt. ÉTIENNE PASCAL war ein im Steuerwesen beschäftigter Staatsbeamter, der sich weit über seinen Beruf hinaus für die Mathematik und die Naturwissenschaften interessierte – eine Neigung, die seinen Sohn BLAISE schon früh mit wissenschaftlichen Fragen in Kontakt brachte. Nach dem frühen Tod der Mutter im Jahre 1626 übernahm eine Erzieherin die Leitung des Hauswesens; BLAISE, seine Schwestern GILBERTE (geb. 1620) und JAQUELINE (geb. 1625) wurden jedoch vom Vater selbst unterrichtet.

1631 zog die Familie nach Paris, wo ÉTIENNE Kontakte zu gelehrten Kreisen und Salons knüpfte: Dort pflegte man Naturwissenschaft, Mathematik, Musik und Literatur. PASCAL selbst scheint sich schon in früher Jugend durch einen großen Wissensdrang und intellektuelle Frühreife ausgezeichnet zu haben: Biographen[4] berichten, der Junge habe bereits mit 12 Jahren selbständig einige Lehrsätze des EUKLID bewiesen. 1635 trat ÉTIENNE PASCAL in die ›Akademie‹ des französischen Mathematikers MARIN MERSENNE (1588-1648) ein. Für PASCAL, der den Vater oft zu den Treffen begleitete, war der Umgang mit den dort verkehrenden Mathematikern DESARGUES (1591-1661), FERMAT (1601-1665) und ROBERVAL (1602-1675) äußerst förderlich, entsteht doch in diesem Zusammenhang seine erste mathematische Abhandlung *»Essai pour les coniques«* (»Abhandlung über Kegelschnitte«), in der PASCAL einen Ansatz DESARGUES weiterentwickelt und die 1640 sogar gedruckt wird. Diese Abhandlung ist in biographischer Hinsicht doppelt interessant, da sie nicht nur von der frühen intellektuellen Reife PASCALS zeugt, sondern bereits einen Blick auf seine zukünftige Arbeitsweise zuläßt: Nicht das eigene Aufspüren von Theorien, sondern das kreative Weiterentwickeln vorhandener Ansätze ist für ihn

---

[3] Die Darstellung des Lebens und Schaffens Pascals stützt sich auf folgende biographische Beiträge:
BEGUIN: *Blaise Pascal in Selbstzeugnissen und Bilddokumenten.* Hamburg 1959. Vgl. S. 157-162.
KUMMER: *Blaise Pascal. Das Heil im Widerspruch.* Berlin/ New York 1978. S. 11-21.
RÖD: *Pascal und die Logik von Port-Royal.* In: Ders.: *Philosophie d. Neuzeit 1.* München 1978. Vgl. S. 98-101.
STEINMANN: *Pascal.* Stuttgart 1954. Vgl. S. 7-260.

[4] BEGUIN: *Blaise Pascal in Selbstzeugnissen und Bilddokumenten.* Hamburg 1959. Vgl. S. 7/8.
RÖD: *Pascal und die Logik von Port-Royal.* In: Ders.: *Philosophie der Neuzeit 1.* München 1978. Vgl. S. 98.

charakteristisch. Die ›Akademie‹ MERSENNES ist aber auch in anderer Hinsicht für PASCALS Leben aufschlußreich, sind die dort verkehrenden Gelehrten von Weltrang – mit Ausnahme von ROBERVAL – doch alle *keine* Berufswissenschaftler: MERSENNE ist Mönch, FERMAT Richter, DESARGUES Architekt und Ingenieur – Autodidakten, die die Wissenschaft als Steckenpferd, aber auf höchstem Niveau betreiben. Auch wenn PASCAL nie einen ›normalen‹ Beruf ergreifen sollte, ging ihm die „Pedanterie der Berufsgelehrten"[5] sein Leben lang ebenso ab wie den Mitgliedern dieses gelehrten Kreises.

Die Qualität von PASCALS erster Abhandlung *»Essai pour les coniques«* war unumstritten, der junge Mann zog das Interesse von Mathematikern in ganz Europa auf sich, und nährte es noch mehr, als er, wahrscheinlich um seinem Vater die alltäglichen Rechenarbeiten zu erleichtern, im Jahre 1642 mit der sog. ›Pascaline‹ eine Rechenmaschine konstruierte – mit deren Funktionalität er indes nie wirklich zufrieden war. Interessant ist im Zusammenhang mit der Konstruktion der Rechenmaschine vor allem PASCALS Fähigkeit, verschiedene Bereiche – hier: *Mechanik* und Mathematik, in der ›Wette‹: *Religion* und Mathematik – sinnvoll miteinander zu verbinden und zudem abstraktes mathematisches Wissen in Beziehung zum Alltag zu setzen; eine Leistung, die von dem breiten Wissen und Können des erst 19jährigen PASCAL zeugt.

1.1.2 Exkurs: Der Jansenismus[6]

Der Jansenismus – benannt nach seinem geistigen Vater CORNELIUS JANSEN (1585-1638) – war eine der bedeutendsten Bewegungen der nachtridentinischen katholischen Kirche in Frankreich. Geistiges Zentrum des Jansenismus war das Kloster *Port-Royal des Champs* unweit von Paris, welches Anfang des 13. Jh. als Zisterziensierinnenkloster gestiftet worden war. Bei seiner Gründung wurden zwei strukturelle Prinzipien festgelegt, die für die Entwicklung des Klosters von Bedeutung sein sollten: Auf dem Klostergelände durften sog. ›Solitaires‹ wohnen – Personen, die sich für einige Zeit aus dem weltlichen Leben zurückziehen wollten, ohne sich durch ein Gelübde fest an ein Kloster zu binden; PASCAL sollte später der berühmteste dieser Gast-Eremiten werden. Zum anderen wurde dem Kloster bei sei-

---

[5] STEINMANN: *Pascal.* Stuttgart 1954. S. 32.
[6] Die Darstellung der Geschichte und der Lehre des Jansenismus stützt sich auf folgende Beiträge:
GRÜTZMACHER: *Pascal und Port-Royal.* Hamburg 1935. S. 5 - 24.
SCHNEIDER: *Saint-Cyran und Augustinus im Kulturkreis von Port-Royal.* [1932] Nendeln 1967. S. 62 - 97.

ner Gründung auferlegt, daß es sich stets nur *einen* geistigen Führer wählen sollte – eine Einrichtung, die das Kloster für Reformen empfänglich machte.

Die entscheidende Zuwendung des Klosters zum Jansenismus erfolgte im Jahre 1636, als man den ABBÉ DE SAINT-CYRAN (1581-1643) zum geistigen Führer wählte: SAINT-CYRAN war ein Anhänger des AUGUSTINUS (354-430) und daher bemüht, die Struktur sowie die geistige Ausrichtung des Klosters in augustinischem Sinne zu verändern. Streng genommen darf man hier noch nicht von einer Hinwendung des Klosters zum ›Jansenismus‹ sprechen, da die zentrale Schrift des Namengebers JANSEN erst später erschien und diese Glaubensrichtung als solche somit noch nicht existierte. *Inhaltlich* liegen SAINT-CYRANS und JANSENS Schriften – vor allem bezüglich der Rückbesinnung auf AUGUSTINUS – jedoch so eng beieinander, daß JANSENS Gedanken allein aufgrund des Wirkens SAINT-CYRANS in Port-Royal Einfluß gewannen. SAINT-CYRAN sollte jedoch nur kurze Zeit in Port-Royal lehren; 1638 wurden seine weltlichen Anhänger, die als Solitaires auf dem Klostergelände lebten, vertrieben; er selbst wurde eingekerkert.

1640 erschien mit dem *»Augustinus«* von CORNELIUS JANSEN *das* Werk des Jansenismus schlechthin; mehr als die Schriften SAINT-CYRANS vermochte es, die Anhänger dieser Glaubensrichtung zu einer einheitlichen geistigen Bewegung zusammenzuschließen. 1644 veröffentlichte ANTOINE ARNAULD (1612-1694), Bruder der Äbtissin von Port-Royal und Schüler SAINT-CYRANS, sein Werk *»La fréquente communion«*, welches sowohl Thesen von JANSEN als auch von SAINT-CYRAN verarbeitete. Die Zahl der Anhänger nahm nun stark zu, vornehmlich der Adel und wohlhabende Bürger begeisterten sich für diese neue Richtung – einer der Gründe dafür, warum Staat und Kirche nun begannen, nicht nur die Wortführer zu verfolgen, sondern vielmehr danach trachteten, die gesamte Bewegung zu vernichten: Es drohte die Abwanderung einflußreicher Katholiken zu einer nicht kontrollierbaren Gruppierung. Ein wirkungsvolles Druckmittel gegen die Jansenisten erhielten der französische Staat und die Landeskirche, als 1653 in einer päpstlichen Bulle 5 Sätze der Gnadenlehre aus JANSENS Werk verurteilt wurden. ARNAULD erhob in öffentlichen Briefen Einspruch gegen diese Verurteilung, da die vom Papst kritisierten Sätze nicht mit denen übereinstimmten, die im Werk JANSENS standen. Seine Verteidigung der jansenistischen Lehre war jedoch nicht von Erfolg gekrönt, und so übernahm es PASCAL ab 1656, mit den *»Lettres Provinciales«* den literarischen Kampf gegen die Verurteilung der Glaubensgemeinschaft zu führen. Es gelang ihm, das Interesse der Öffentlichkeit auf die Kontroverse zwischen Staat und Kirche einerseits und den Jansenisten andererseits zu lenken, bis eine weitere Bulle des Papstes die Verurteilung der 5 Sätze JANSENS' für rechtmäßig erklärte und den Streit beendete.

1. Grundlagen

Nach der Veröffentlichung dieser Bulle befahl man den Jansenisten, ein Formular zu unterzeichnen, in dem sie ihrem Glauben abschworen; die Schulen des Klosters wurden geschlossen und eine fremde Äbtissin eingesetzt. Nach einer kurzen Phase der Ruhe lenkten öffentliche Beschwerden von PIERRE NICOLE (1625-1695), mit PASCAL und ARNAULD einer der vehementesten Verteidiger des Jansenismus, den Blick des Papstes wieder auf das Kloster, welches nun weitere Maßregelungen trafen: 1707 wurden die verbliebenen Nonnen vom Pariser Erzbischof exkommuniziert, 1709 wurde das Kloster offiziell aufgelöst, 1710-12 ebnete man die Gebäude samt der Kirche ein. Der Jansenismus überlebte somit nur etwa fünfzig Jahre, zusammen mit dem Kloster Port-Royal verschwand er als *organisierte* Bewegung.

Es stellt sich nun natürlich die Frage, *warum* Kirche und Staat überhaupt gegen den Jansenismus vorgingen – zur Beantwortung dieser Frage muß geklärt werden, worin sich die Lehren der Jansenisten eigentlich von denen der Papstkirche unterscheiden.

Der Jansenismus betont vor allem die totale *Abhängigkeit* des Menschen von Gott: Der Mensch weiß nie, wie Gott in Bezug auf ihn handeln wird, auch ist ungewiß, ob er von Gott überhaupt eine Handlung erhoffen kann – er muß wartend in *Demut* verharren. Handelt Gott in Bezug auf den Menschen, kann dieser wiederum nicht sicher sein, daß das Handeln *anhalten* wird. Durch diese *Unergründlichkeit des göttlichen Handelns* empfindet der Mensch eine starke Ungewißheit, die so weit geht, daß er nicht weiß, ob seine *Liebe* zu Gott weiter bestehen wird; Gott allein hält die Liebe aufrecht und so kann es sein, daß er den Menschen schon morgen nicht mehr lieben läßt. Nur für den *Erhalt der Liebe* verharren die Jansenisten in Demut – wobei das Zeigen der eigenen Nichtigkeit *positiv* verstanden wird, steht der Mensch doch so in ständigem *Dialog* mit Gott. Es ist eine Bewegung des Hin- und Herfließens, die hier beschrieben wird und in der der Mensch nicht nur gibt, sondern auch empfängt – die göttliche *Liebe* und vielleicht auch die göttliche *Gnade*.

Wichtig ist hier das der göttlichen Gnade anhaftende ›vielleicht‹, ist doch die ›Prädestinationslehre‹ eines der Grundprinzipien des jansenistischen Denkens. Sie beinhaltet den Glauben, der Mensch werde *vor* seiner Geburt durch die *göttliche Gnade* zur Verdammnis oder zur Seligkeit erwählt – damit ist das irdische Leben ohne jeden Einfluß auf das Leben nach dem Tod. Begründet durch AUGUSTINUS, fand die Lehre von der ›Prädestination‹ Eingang in die Lehre der *Reformatoren;* vor allem JOHANNES CALVIN (1509-1564) bestritt, daß das Heil des Menschen von dessen Willen und Taten abhängen könne: Die göttliche Gnade ist unbeeinflußbar und widerfährt dem Menschen aufgrund unbekannter göttlicher Entscheidungskategorien. Betont der *Jansenismus* die auf AUGUSTINUS zurückgehende, in jüngster Vergangenheit jedoch von LUTHER (1483-1546) und CALVIN aufgegriffene Prädestination in seiner Gnadenlehre, so bringt er sich damit in die Nähe *protestantischer* Ansichten – eine gefährliche Verwandtschaft, wie man an der rigorosen Verfolgung der Hugenotten in Frankreich sehen kann. Daß die Prädestinationslehre im 17. Jh. mit der Reformation in Zusammenhang gebracht wurde, lag vor allem daran, daß die Lehren AUGUSTINUS' – obgleich für die Entstehung des mittelalterlichen Denkens so stark richtungsweisend – im Spätmittelalter bezüglich *einzelner* Aspekte fast vergessen worden waren und in der Reformation von denjenigen aufgegriffen wurden, die sich ausdrücklich von der Papstkirche distanzierten. Die jansenistische Anknüpfung an die Gnadenlehre des AUGUSTINUS war aus der Perspektive der Papstkirche also den *Reformatoren* zuzuordnen, für sie waren die Jansenisten folgerichtig keine Gruppierung innerhalb der *katholischen* Kirche, sondern eine *protestantische* Abspaltung.

Natürlich gibt es zwischen Jansenismus und Protestantismus Unterschiede, auch finden sich in den Schriften der Jansenisten keine Hinweise, daß sie sich als protestantische Gruppierung verstanden. Man spricht daher wahrscheinlich am besten von der *gleichzeitigen Rückbesinnung* einer katholischen (Jansenisten) und einer reformatorischen Gruppierung (Calvinisten) auf tradierte, aber fast vergessene Lehren. Der Jansenismus ist keinesfalls so revolutionär wie das Luthertum oder der Calvinismus; durch die Nähe seiner Gnadenlehre zu der der Reformatoren entfernte er sich jedoch zu weit von der Papstkirche, um noch als katholische ›Unterorganisation‹ gelten zu können. – Daß es zwischen der jansenistischen und der protestantischen Lehre *offensichtliche* Unterschiede gibt und daß die Jansenisten sich weniger weit von der Papstkirche entfernten, mag einer der Gründe dafür sein, daß der Streit um den Jansenismus lange auf literarischem Niveau geführt wurde – für eine gewaltsame Unterdrückung fehlten die *eindeutig* ketzerischen Aussagen.

1.1.3 Frühe Religiosität

Das bisherige Schaffen PASCALS beschränkte sich auf den Bereich der Mathematik und auch in den nächsten Jahren wird sein Interessenschwerpunkt bei mathematischen und physikalischen Fragen liegen. Dennoch finden sich schon im Jahre 1646 erste Anzeichen dafür, daß bei PASCAL Ansätze zu einer tiefen Religiosität vorhanden waren, auch wenn diese Anlage zunächst lediglich ein bewußteres Hinwenden, ein intensiveres Interesse an der Religion bedingte.

Neben Port-Royal befand sich in Rouville ein – kleines – geistiges Zentrum des Jansenismus, insbesondere die Predigten des dortigen Pfarrers waren berühmt. Ende 1645 zog sich ÉTIENNE PASCAL bei einem Sturz schwere Verletzungen zu, die von zwei Spezialisten in einem Landhospital unweit von Rouville behandelt wurden. Die beiden Ärzte waren glühende Jansenisten – und so wundert es kaum, daß die PASCALS vom Ruf des Pfarrers in die nahegelegene Kirche gelockt und binnen kurzer Zeit zum Jansenismus bekehrt wurden. Vor allem JAQUELINE und BLAISE PASCAL zeigten reges Interesse an dieser neuen Sphäre, die weltliche Dinge wie Ruhm, Geld und Ämter weniger wichtig nimmt und ihr Heil in einer geistigen Welt sucht. Zusammen studieren sie die wichtigsten Werke des Jansenismus: Die Schriften ANTOINE ARNAULDS und AUGUSTINUS', vielleicht sogar das Hauptwerk des Jansenismus, JANSENS »*Augustinus*«.

1.1.4 Das Vakuum – eine Auseinandersetzung um die Leere

Nach seinem ersten Kontakt mit dem Jansenismus wandte sich PASCAL 1647 von den Studien der Theologie ab und der Physik zu: In diesem Jahr veröffentlichte er die Schrift »*Expériences nouvelles touchant le vide*« (»Neue Versuche über die Leere«) und stützte die dort formulierten Thesen über den *Luftdruck* und die *Leere* durch ein Experiment mit Barometern am Berg Puy de Dôme. Wieder greift er auf ein bestehendes Konzept zurück, um es selbst zu untersuchen und weiter zu entwickeln: Der Barometer-Erfinder und GALILEI-Schüler EVANGELISTA TORRICELLI (1608-1647) hatte bei seiner Konzeption des Barometers 1643 beobachtet, daß sich im oberen Teil des mit Quecksilber gefüllten Glasröhrchens stets ein kleinerer oder größerer Raum befand, der kein Quecksilber enthielt – eine empirische Beobachtung, die PASCAL nachvollzog und die ihn zu zwei Erkenntnissen brachte: Zum einen folgerte er, daß die Höhe des Quecksilbers im Glasröhrchen vom *Luftdruck* abhängig sei, zum anderen erkannte er, daß der freibleibende Raum im oberen Teil des Barometers aufgrund der erzeugten *Luftleere* im Röhrchen ein *Vakuum* enthalten müsse.

Die Annahme der Existenz eines Vakuums widersprach indes der gängigen Lehrmeinung des 17. Jh., die sich auf den von ARISTOTELES postulierten ›Horror Vacui‹ der Natur sowie auf die Weiterführung dieses Ansatzes von RENÉ DESCARTES (1596-1650) berief: Beide gingen davon aus, daß es in der Natur niemals Leere geben könne. Mit seiner These, daß die „Natur die Leere dulde"[7], daß also im Gegensatz zum geltenden Dogma ein Vakuum existieren könne, stieß PASCAL auf den vehementen Widerspruch der auf Autoritäten fixierten Wissenschaftler. Zudem ließ er in der Diskussion, die sich an seine Widerlegung des ›Horror Vacui‹ anschloß, allein autoritative Argumente nicht gelten, sondern akzeptierte nur *empirische*

---

[7] PASCAL: *Fragment einer Einleitung zu einer Abhandlung über die Leere.* [1647] Heidelberg ³1963. Vgl. S. 28.

Fakten, die mit Experimenten und den sich daraus ergebenden Deduktionen erzielt worden waren. Die Kontroverse um den ›Horror Vacui‹ verlagerte sich so rasch auf einen Streit um die Frage, welche *Rolle die Tradition in der Wissenschaft* zu spielen hat: Ist sie unüberwindbare Autorität oder lediglich Ausgangspunkt des Forschens in der Gegenwart? In diesem Zusammenhang entstand 1647 die Schrift *»Préface pour un Traité du vide«* (»Einleitung zu einer Abhandlung über die Leere«), in der PASCAL seine Position eindeutig umreißt: Das naturwissenschaftliche Forschen muß in Bezug auf tradierte Ansichten autonom bleiben und darf sich allein auf empirisch nachprüfbare Fakten berufen:

> „Überall, wo man nur zu wissen sucht, was die Autoren geschrieben haben, wie in der Geschichte, in der Geometrie, in der Rechtswissenschaft, in den Sprachen und vor allem in der Theologie [...], ist man gezwungen, sich an die Bücher zu halten, da diese alles enthalten, was man darüber wissen kann. [...] Das ist bei allem, was den Sinnen oder der Beurteilung zugehört, nicht so; hier ist die Autorität der Überlieferung nutzlos, die Vernunft allein ist der Grund, daß wir sie kennen. [...] Derart können Geometrie, Arithmetik, Musik, Physik, Medizin, Architektur und alle Wissenschaften, für die Erfahrung und Überlegung maßgebend sind, ständig erweitert und dadurch vervollkommnet werden."[8]

1.1.5 Die weltliche Periode und ihr Ende in der ›Feuernacht‹

Im September 1651 stirbt PASCALS Vater, ein halbes Jahr darauf verwirklicht JAQUELINE PASCAL einen lang gehegten Wunsch und tritt als Novizin in das Kloster Port-Royal ein. Diese Ereignisse sind als wichtige Einschnitte in PASCALS Leben zu sehen, bedingen sie doch eine gründliche Verhaltensänderung: 1652 öffnet sich der 29jährige in einem unbekannten Maß der Welt und begibt sich in die Salons von Paris, wo er seine Rechenmaschine demonstriert und seine Theorie von der Leere einem größeren Publikum vorstellt. Das Jahr 1653 verbringt PASCAL in Paris und auf einer längeren Reise durch Frankreich – immer in Begleitung neuer, mondäner Freunde: dem HERZOG VON ROANNEZ, dem CHEVALIER DE MÉRÉ und DAMIEN MITON.

PASCAL vernachlässigt während dieser Zeit seine theologischen Studien, nicht aber das wissenschaftliche Arbeiten; 1653 entstehen mit den beiden Schriften *»De l'équilibre des liqueurs«* (»Über das Gleichgewicht der Flüssigkeiten«) und *»De la pesanteur de la masse d'air«* (»Über das Gewicht der Luft«) die letzten Beiträge PASCALS zum physikalischen Problem der Leere und zur Physik überhaupt. Nicht nur, daß PASCAL in seiner neuen Umgebung genügend Raum zum Arbeiten fand, man kann

---

[8] Ebd., S. 20/21.

1. Grundlagen

darüber hinaus auch davon ausgehen, daß aus der gebildeten Pariser Gesellschaft vielfältige Anregungen auf ihn ausgegangenen sind – wie zum Beispiel der Anstoß zur *Grundlegung der Wahrscheinlichkeitsrechnung:* Die höfische Gesellschaft interessierte sich, freilich mehr aus finanziellen denn aus wissenschaftlichen Gründen, für das Glücksspiel und so trug man an PASCAL die Frage heran, wie im Fall der Unterbrechung eines Spieles die Einsätze auf die Spieler zu verteilen seien – ein bisher ungelöstes Problem. Korrespondierend mit dem in Toulouse an demselben Thema arbeitenden FERMAT löste PASCAL die ihm gestellten Fragen, zusammen schufen sie so die Grundlegung für die ›géométrie du hasard‹. In diesem Zusammenhang entstehen 1654 die Schriften *»Traité du triangle arithmétique«* (»Abhandlung über das arithmetische Dreieck«) und die *»Adresse à l'Académie parisienne de mathématique«* (»Zuschrift an die Pariser mathematische Akademie«). Eine ausführliche Abhandlung PASCALS zur Wahrscheinlichkeitsrechnung existiert nicht – in dieser Hinsicht wichtig und interessant ist jedoch der Briefwechsel zwischen PASCAL und FERMAT vom Sommer 1654.

Das weltliche Treiben PASCALS sollte jedoch nur von kurzer Dauer sein – schon im September 1654 ergriff ihn eine „tiefe Weltverachtung und ein nahezu unerträglicher Ekel vor allen Menschen"[9], der ihn Distanz von der nun so dekadent erscheinenden Welt des Hofes und Nähe zu seiner frommen Schwester JAQUELINE suchen ließ, der er seine Mutlosigkeit und Verwirrung gestand. Ihre Lösung findet diese Lebenskrise in der sog. ›Feuernacht‹ vom 23. auf den 24. November, in der PASCAL in einem intensiven Glaubenserlebnis die Nähe des „Gottes Abrahams, Isaaks und Jakobs"[10] sucht und den Gott der „Philosophen und Gelehrten"[11] von sich weist. Seinen neu gefundenen Glauben schreibt er im berühmten *»Mémorial«* nieder, dem „Zeugnis einer Ekstase"[12], das er von nun an – eingenäht in das Futter seines Rockes – stets bei sich trägt:

> „Ich habe mich von ihm [Gott] getrennt, ich habe ihn geflohen, mich losgesagt von ihm, ihn gekreuzigt. Möge ich nie von ihm geschieden sein. [...] Vollkommene und liebevolle Unterwerfung unter Jesus Christus und meinen geistlichen Führer."[13]

---

[9] BEGUIN: *Blaise Pascal in Selbstzeugnissen und Bilddokumenten.* Hamburg 1959. Vgl. S. 160.
[10] PASCAL: *Mémorial.* [1654] In: *Pensées.* [1670] Hrsg. von E. Wasmuth. Heidelberg ⁷1972. Vgl. S. 248.
[11] Ebd.
[12] STEINMANN: *Pascal.* Stuttgart 1954. S. 98.
[13] PASCAL: *Mémorial.* [1654] In: *Pensées.* [1670] Hrsg. von E. Wasmuth. Heidelberg ⁷1972. S. 249.

Dieses Schriftstück ist eine ständige Erinnerung an die Empfindungen und den Sinneswandel dieser Nacht, denn PASCALS Abwendung von der Welt und Hinwendung zu Gott sollten tatsächliche Lebenspraxis werden. Um dem Einfluß seiner höfischen Freunde zu entgehen, zog er sich in den nächsten Jahren oft als Gast nach Port-Royal zurück und lebte in dieser Zeit ganz nach den asketischen Vorschriften des Jansenismus. – Die unmittelbar nach dem Bekehrungserlebnis entstehenden Schriften sind von ganz anderer Art als die wissenschaftlichen Abhandlungen, die PASCAL bisher verfaßte – als Beispiel kann die Meditation über *»Das Mysterium Jesu«* gelten, in der er seine Empfindungen in der ›Feuernacht‹, insbesondere aber die Angst in der Zeit davor mit den Gefühlen Jesu vergleicht, der vor der Kreuzigung an einer ähnlichen Einsamkeit leidet:

> „Einsam ist Jesus auf Erden. Nicht nur, daß niemand seine Qualen mitfühlt und teilt, sondern niemand weiß auch nur von ihnen: der Himmel und er allein wissen darum. [...] Diese Qual und diese Verlassenheit leidet er in den Schrecken dieser Nacht."[14]

Doch nicht nur Zerrissenheit, sondern auch die Befriedigung, endlich den richtigen Weg gefunden zu haben, spricht aus dieser Schrift: „Tröste dich, du würdest mich nicht suchen, wenn du mich nicht gefunden hättest"[15] spricht Jesus zu PASCAL – eindeutiges Zeugnis der großen Gewißheit, die die Mutlosigkeit und das Gefühl des Verlorenseins in der Welt verdrängt hat. Die bei der ersten Begegnung mit dem Jansenismus entstandene *bewußtere* Hinwendung zur Religion hat sich mit dem Bekehrungserlebnis der ›Feuernacht‹ um ein vielfaches gesteigert; aus dem bislang an religiösen Fragen interessierten PASCAL ist nun ein überzeugter und glühender Christ geworden.

1.1.6 Schaffen nach der ›Feuernacht‹

Ganz im Sinne der im *»Mémorial«* beschlossenen Abwendung vom Gott der Gelehrten und der Welt an sich war für PASCAL nach seinem Glaubenserlebnis die Arbeit an naturwissenschaftlichen Fragen von lediglich untergeordnetem Interesse; ihm erschien das wissenschaftliche Forschen jetzt als eitel und von keiner Bedeutung für das Seelenheil des Menschen. Diese rigorose Ablehnung des wissenschaftlichen Forschens wird PASCAL jedoch nicht lebenslang durchhalten: Nach seinem Bekehrungserlebnis kam mit der Theologie bzw. der Religionsphilosophie ein *weiteres* Interessengebiet in sein Repertoire, das von nun an einen großen Teil seines

---

[14] PASCAL: *Das Mysterium Jesu.* [~1654] In: *Pensées.* [1670] Hrsg. von E. Wasmuth. Heidelberg [7]1972. S. 242/243.

[15] Ebd., S. 244.

1. Grundlagen

Schaffens einnimmt – von einer totalen Absage an das wissenschaftliche Arbeiten kann also keine Rede sein.

1656 begann PASCAL mit der Arbeit an einer umfassenden *»Apologie des Christentums«*, an der er bis zu seinem Tod schrieb und die doch nie fertiggestellt wurde. Die Fragmente wurden posthum unter dem Titel *»Pensées«* veröffentlicht – von dieser wohl wichtigsten religionsphilosophischen Schrift PASCALS wird unten in einem gesonderten Kapitel (1.2) die Rede sein, stammt doch die ›Wette‹ aus dieser ›Apologie‹. 1657 verfaßte PASCAL die *»Écrits sur la grâce«* (»Gedanken über die Gnade«), die ebenfalls erst nach seinem Tod veröffentlicht wurden. 1658 wandte er sich wieder der Mathematik zu und sandte seine *»Première Lettre circulaire relative à la cycloïde«* (»Erstes Rundschreiben über die Zykloide«) aus, einen Aufruf zum mathematischen Wettbewerb.

Im Jahr 1658 arbeitete PASCAL außerdem an einer wissenschaftlichen Methodenschrift, die unvollendet blieb und uns heute unter dem Titel *»De l'esprit géométrique et de l'art de persuader«* (»Vom Geist der Geometrie und der Kunst zu überzeugen«) Einblick in sein wissenschaftstheoretisches Denken gibt. Streng genommen liegen uns mit dieser Schrift zwei Entwürfe zu demselben Thema vor: PASCAL stellt dort ein auf der ›Geometrie‹, also der Mathematik basierendes, die logischen Schlußfolgerungen betonendes systematisches Vorgehen dar, das die wissenschaftliche Beweisführung erleichtern, vor allem aber sicher und unangreifbar machen soll:

„Das einzige, was ich hier geben will, ist die Methode, Wahrheiten, die man schon gefunden hat, zu beweisen und derart aufzuhellen, daß ihr Beweis unwiderlegbar wird. Hierzu brauche ich nur die Methode darzulegen, die die Geometrie anwendet […]."[16]

Diese Methodenschrift ist für die spätere Betrachtung der *»Pensées«* und der ›Wette‹ von zentraler Bedeutung: Was PASCAL in *»De l'esprit géométrique et de l'art de persuader«* theoretisch entwickelt, findet in der Apologie und in der ›Wette‹ praktische Anwendung.

1659 und 1660 wurde PASCAL von gesundheitlichen Problemen geplagt, die ihm regelmäßiges Arbeiten verboten und eine erneute Hinwendung zur Religion veranlaßten: In dieser Zeit entstand die *»Prière pour le bon usage des maladies«* (»Gebet, um den rechten Nutzen der Krankheiten zu erflehen«), in der PASCAL die Krankheit als Gelegenheit zur Prüfung des Glaubens beschwört.

---

[16] PASCAL: *Vom geometrischen Geist und von der Kunst zu überzeugen.* [1658] In: *Die Kunst zu überzeugen.* Hrsg. von E. Wasmuth. Heidelberg ³1963. S. 51.

Die bisher erwähnten religiösen Arbeiten befassen sich alle mit der Diskussion von *inhaltlichen* Fragen, doch nicht nur diese Seite des Glaubens war bei PASCALS Auseinandersetzung mit der Theologie relevant; die Umstände zwangen ihn, sich auch um *religionspolitische* Fragen zu kümmern. Die Verurteilung der Gnadenlehre des Jansenismus war vor wenigen Jahren erfolgt, in den so entfachten Kampf zwischen den Anhängern dieser Lehre einerseits und den Vertretern von Kirche und Staat andererseits wurde PASCAL durch seinen Glauben und den nun immer enger werdenden Beziehungen zum Kloster Port-Royal unmittelbar involviert – und so setzte er sein gesamtes wissenschaftliches wie literarisches Können ein, um seine Glaubensbrüder ARNAULD und NICOLE bei ihrem Kampf um die Akzeptanz dieser Glaubensrichtung zu unterstützen.

PASCALS bekannteste Beiträge zu diesem Streit sind die *»Lettres Provinciales«* – ihr Entstehungszusammenhang soll hier kurz erläutert werden. Nach der Verurteilung der Gnadenlehre JANSENS erhob ARNAULD in Form von öffentlichen Briefen Einspruch: Die vom Papst verurteilten Sätze kamen in JANSENS *»Augustinus«* nicht vor. Die im Februar und Juli 1655 erschienen Briefe bewirkten jedoch nur wenig; der Stil ARNAULDS war „klar, aber schwerfällig und lehrhaft; seine Beweisführung blieb abstrakt, theologisch und langweilig"[17]. Schließlich übernahm es PASCAL, ARNAULDS Aufzeichnungen in eine gefälligere Form zu bringen – mit großem Erfolg, denn die „Unbefangenheit, das vertrauliche Augenzwinkern an den Leser und der boshafte und scherzende Ton"[18] prädestinierten diese Schriften geradezu dafür, die Auseinandersetzung der Jansenisten mit den Jesuiten und der Sorbonne vor ein größeres Publikum zu bringen. Der erste Brief wurde mit dem Datum des 23.1.1656 gedruckt, in den Monaten darauf folgten zahlreiche weitere, deren Ton sich gemäß den eingehenden Erwiderungen immer mehr verschärfte. Ihr Erfolg war groß, die Briefe verbreiteten sich schnell, erregten Zustimmung, entsetzte Ablehnung und ernste Maßnahmen von Seiten des Staates: Die Drucker wurden verhaftet, woraufhin man die Druckerpressen in geheimen Privatquartieren installierte. PASCAL selbst blieb als Verfasser der Briefe anonym, die Entdeckung seiner Autorschaft hätte die Bastille bedeutet.

Der Kampf der Jansenisten sollte jedoch scheitern. Eine zweite, im März 1657 veröffentlichte päpstliche Bulle erklärte die Verurteilung der Gnadenlehre JANSENS für rechtmäßig – die Verurteilung des Jansenismus als häretisch war perfekt, PASCALS Kampagne gescheitert, die Produktion der *»Lettres Provinciales«* wurde eingestellt. Im Anschluß an die Veröffentlichung der päpstlichen Bulle verlangte man

---

[17] STEINMANN: *Pascal*. Stuttgart 1954. S. 119.
[18] Ebd., vgl. S. 125.

von den Klerikern des Jansenismus und den Klosterfrauen von Port-Royal, ein Unterwerfungsformular zu unterzeichnen, in dem sie ihrer Überzeugung abschworen – ARNAULD unterschrieb, JAQUELINE starb am 4.10.1661 ob der Gewissensqualen, die die geforderte Unterzeichnung in ihr hervorrief. PASCAL sprach sich für Widerstand aus und verfaßte eine *»Écrit sur la signature«* (»Schrift zur Frage der Unterzeichnung«), doch auch er gab endgültig auf, als die anderen Jansenisten, des Kampfes müde, ihm ihre Unterstützung entzogen.

1.1.7 Krankheit und Tod

Der gesundheitliche Zustand PASCALS war nie wirklich stabil gewesen, gegen Ende der fünfziger Jahre verschlechterte er sich jedoch zusehends und machte zeitweise ein konstantes Arbeiten unmöglich. Die erwähnte *»Prière pour le bon usage des maladies«* aus dem Jahre 1660 gibt ein deutliches Zeugnis von PASCALS zunehmenden Leiden, denn die „Schmerzen, die körperliche Schwäche, die Entkräftung und die Geißelschläge"[19], die er empfand, sah er als Läuterungsanlaß, göttliches Zeichen und „heilsame Qualen"[20], die die Krankheiten seiner Seele repräsentierten.

Ende 1661 konzipierte er zusammen mit seinem Freund ROANNEZ die erste Pariser Omnibuslinie, die ›carrosses à cinq sols‹, deren Patent sie im Januar 1662 erhielten und die im März jenes Jahres ihren vielbestaunten Betrieb aufnahm. Bald darauf wurde PASCAL zunehmend schwächer, Ärzte attestierten ihm eine nicht ernst zu nehmende Gallen- und Nierenkolik. PASCAL dagegen fühlte sich ernstlich krank, sein immer wieder vorgebrachter Wunsch, die Sterbesakramente zu empfangen, gibt davon ein deutliches Zeugnis. Am 3. August diktierte er sein Testament, dann verschlimmerte sich die Krankheit. Am 17. August schwand sein Bewußtsein zusehends, in einzelnen wachen Momenten verlangte er nach einem Priester. Das Eintreten des Pfarrers brachte ihn für einige Zeit wieder zu sich, ihm wurden die Sterbesakramente gereicht. BLAISE PASCAL starb am 19. August 1662 im Alter von 39 Jahren.

1.2 Die »Pensées«

1.2.1 Textgestalt, Überlieferung und Editionen

Im Vorfeld einer inhaltlichen Betrachtung der *»Pensées«* ist es interessant, einen Blick auf die *Textgestalt,* die *Überlieferung* und die *Editionen* dieses Werkes zu werfen.

---

[19] PASCAL: *Gebet, um von Gott den rechten Nutzen der Krankheit zu erflehen.*[1660]. In: *Die Kunst zu überzeugen.* Hrsg. von E. Wasmuth. Heidelberg ³1963. Vgl. S. 148-153.
[20] Ebd., S. 150.

PASCAL hinterließ mit seinen *»Pensées«* kein fertiges, vollendetes Werk, sondern eine Sammlung unterschiedlichster Notizen. Es sind Fragmente verschiedenster Länge und unterschiedlichsten Inhalts, die das Grundgerüst eines angedachten Werkes darstellen und keine Sammlung von Reflexionen und Essays, wie es der – posthum hinzugefügte – Titel (*»Pensées«*, Gedanken) vermuten läßt. Auch die Bezeichnung ›Fragment‹, allgemein verwendet für die einzelnen Abschnitte der *»Pensées«*, ist irreführend, läßt sie doch zu, daß man an die *literarische Form des Fragments* denkt. Da diese bewußte Verwendung des Unvollendeten, des gezielt erzeugten Bruchstücks jedoch erst gegen Ende des 18. Jh. aufkam, ist der fragmentarische Charakter der *»Pensées«* nicht als aussagekräftige literarische Form, sondern als ein die Interpretation erschwerender Zustand des Werkes zu sehen. PASCAL wollte keine Bruchstücke hinterlassen, ihm lag nichts am Fragmentarischen. Er plante mit den *»Pensées«* ein umfangreiches Werk, eine vollendete *»Apologie des Christentums«* – was uns heute vorliegt, sind erste Beiträge, zum Teil lediglich als Gedächtnisstützen dienende Notizen. Auch die längeren, vielleicht sogar fertiggestellten Fragmente sind nicht von einheitlicher Form: Manche erscheinen als Dialog, einige sind dialektisch aufgebaut, andere wiederum analysieren Bibelzitate.

Die stilistische und inhaltliche Vielschichtigkeit der *»Pensées«*, vor allem aber ihr fragmentarischer Zustand macht die Interpretation dieser Schrift zu einem schwierigen Unterfangen. Wie soll man etwa mit einem Fragment umgehen, welches den Plan zu einer Abhandlung umreißt?[21] PASCAL hat diese Abhandlung nie geschrieben – weil er dazu nicht mehr kam oder weil er sie später verwarf? Und die scheinbar vollständigen Abhandlungen, die uns vorliegen – sind sie tatsächlich ›fertig‹ oder nur längere Notizen, Vorarbeiten für noch umfangreichere Beiträge? Auch ist bei vielen Fragmenten nicht zu klären, wessen Meinung sie enthalten – die eines fiktiven Gesprächspartners oder PASCALS eigene? Immer, wenn man auf solch problematische Stellen stößt, wird deutlich, daß das Fragment nicht die Form der *»Pensées«* sein sollte, sondern daß hier lediglich angedacht wurde, was später ausgeführt, ergänzt und verbunden werden sollte. Die Interpretation der *»Pensées«* ist gleichzusetzen mit der Betrachtung eines mitten im Arbeitsprozeß plötzlich unterbrochenen, fast unüberschaubar großen Projekts. Man kann nur über das sprechen, was PASCAL bis zu seinem Tod schuf, über seine zu Papier gebrachten Ideen – nicht über eine fertige Schrift, eine mit Bedacht komponierte Abhandlung im herkömmlichen Sinne.

---

[21] PASCAL: *Pensées*. [1670] Hrsg. von E. Wasmuth. [7]1972. Vgl. Fragmente 184, 192, 248 u.a. (Laf. 4, 853, 7).

1. Grundlagen

Daß PASCAL die *»Pensées«* nicht beenden konnte und statt einer fertigen Abhandlung eine Fragmentsammlung hinterließ, macht die Frage nach der *Überlieferung* und den *Editionen* dieser Schrift zu einem interessanten Aspekt.[22] Nach PASCALS Tod fand man mehrere Bündel mit Papieren – zum Teil numeriert und geordnet, zum Teil in recht chaotischem Zustand. Diese Sammlung von Abhandlungen und Notizen – besser: was von dieser Sammlung über die Jahrhunderte erhalten blieb – liegt heute als ›Manuskript 9202‹ in der Handschriftensammlung der Nationalbibliothek Paris. Neben den Handschriften der Fragmente, aus denen man die *»Pensées«* zusammenstellte, enthält dieser rund 500 Seiten starke Foliant auch andere Texte aus PASCALS Hinterlassenschaft: Briefe, Entwürfe zu Abhandlungen und Vorträgen. Die Qualität der Papiere schwankt zwischen winzigen Schnipseln mit engen, schnell hingeworfenen Zeilen und vollständigen, ordentlich beschriebenen Seiten. Dennoch war der Nachlaß PASCALS ursprünglich sehr viel umfangreicher; obgleich man sich um seine Manuskripte aufmerksam kümmerte, enthält der Pariser Band nur ein Drittel der Papiere, die man nach PASCALS Tod fand.

Viele Lexika weisen darauf hin, daß die erste Ausgabe der *»Pensées«* 1670 erschienen sei – ganz korrekt ist diese Angabe nicht, denn diese – die sog. *»Ausgabe von Port-Royal«* – war nicht viel mehr als eine dem herrschenden Zeitgeist des religiösen Friedens angepaßte Lesart der *»Pensées«:* Es herrschte gerade ein „Waffenstillstand"[23] zwischen Jansenisten und Papstkirche, man wollte die Auseinandersetzungen nicht nochmals anheizen und so brachten die Anhänger von Port-Royal unter der Leitung PIERRE NICOLES eine unverfängliche Version der *»Pensées«* heraus, die mit dem uns heute vorliegenden Werk kaum vergleichbar ist. Die Unvollständigkeit der Schrift und die nicht bis ins Detail ausgefeilten Formulierungen waren den Herausgebern ein Dorn im Auge und so wurden zahllose Teile des Originaltextes umformuliert. Dabei ging es jedoch nicht allein um die Rettung von PASCALS Ruf als Literat: Aufgrund der veränderten religionspolitischen Situation versuchte man vor allem, der Schrift ihre Schärfe zu nehmen; alles angriffslustige, spöttische, ironische wurde abgeschwächt, ganze Teile gestrichen. Von heutiger Warte aus betrachtet, ist die *»Ausgabe von Port-Royal«* vor allem in einer Hinsicht problematisch: Da erst Mitte des 19. Jh. eine ungeschönte Version der *»Pensées«* erschien, war diese Lesart des Werkes die einzige, die sich den Lesern des 18. Jh. – unter ihnen VOLTAIRE (1694-1778) und ROUSSEAU (1712-1778) – darbot; doch mehr als einen verstümmelten PASCAL konnte ihnen diese Ausgabe nicht bieten.

---

[22] Die folgende Beschreibung des Manuskripts der *»Pensées«* und seiner Geschichte stützt sich auf:
STEINMANN: *Pascal.* Stuttgart 1954. Vgl. S. 263-272.
[23] Ebd., S. 265.

1711 plante LOUIS PÉRIER, PASCALS Neffe, eine vollständige Fassung der »Pensées« zu veröffentlichen, mußte diesen Plan jedoch aufgeben und hinterlegte das von PASCAL hinterlassene Manuskript in der Abtei Saint-Germain-des-Prés. Sicherheitshalber hatte er alle Papiere auf große Blätter kleben lassen, 20 Jahre später wurden sie in der Bibliothek zu drei Folianten gebunden. Diese Vorsicht war vergeblich, zwei Bände verschwanden. Als 1794 die Wirren der Revolution auf die Abtei übergriffen und die Bibliothek in Flammen aufging, wurde der verbliebene Band gerettet, in die Nationalbibliothek Paris überstellt und dort bis zur Mitte des 19. Jh. vergessen.

1844 erschien mit der Ausgabe von PROSPER FAUGÈRE (»Pensées, fragments et lettres de Blaise Pascal«. 2 Bände. Paris 1844) erstmals eine angemessene Version der »Pensées«. Sie weckte das Interesse an diesem Werk, zahlreiche weitere Editionen folgten. Sie alle sind als Beiträge zur sog. ›Pascal-Frage‹ zu sehen: Die handschriftlichen Zeugnisse PASCALS sind teilweise schwer entzifferbar, bei vielen Fragmenten bleibt ein Diskussionsspielraum zurück – und so hat fast jeder Editor eine eigene Lesart und kritisiert die Versionen der anderen. Teilweise stritt man um „Lappalien"[24], doch es gab in den frühen Ausgaben auch „kräftige [...] Schnitzer"[25], etwa wenn Aussagen des fiktiven Skeptikers als PASCALS eigene Meinung gelesen wurden.

Die wichtigsten der in diesem Jahrhundert erschienenen Ausgaben der »Pensées«, zum Teil eingegliedert in eine Gesamtausgabe der PASCAL'schen Werke, zum anderen als ein- oder mehrbändige Einzelausgaben, sollen kurz erläutert werden. Von anerkannter Qualität ist die Ausgabe LÉON BRUNSCHVICGS, die sich als Bände XII-XIV in seine Gesamtausgabe der PASCAL'schen Werke eingliedert und ab 1904 erschien (»Œuvres de Blaise Pascal«. Reihe: »Les Grands Écrivains de la France«. 14 Bände. Paris 1904-1914.). In seiner Ausgabe der »Pensées« legt BRUNSCHVICG besonderen Wert darauf, die Schrift so gegliedert zu präsentieren, wie sie sich – vom Autor sortiert – im Nachlaß fand: „Il est loin toutefois de nous présenter ces papiers tels qu"ils furent trouvés en 1662"[26]. Der Herausgeber nimmt sich bei der Anordnung der Fragmente also zurück und bietet dadurch die Ausgabe mit der Textanordnung, die PASCALS eigener Konzeption am nächsten kommt. Natürlich wurde auch an BRUNSCHVICGS Ausgabe Kritik geübt: Seine Gliederung galt als ausgezeichnet, die Transkription vieler Worte war indes umstritten – eine Diskussion, die ZACHARIE

---

[24] Ebd., S. 268.
[25] Ebd.
[26] Œuvres de Blaise Pascal. Hrsg. von L. Brunschvicg. Band XII. [1904] Vaduz 1965. Vorwort - S. XLI.

TOURNEUR mit seiner zweibändigen Ausgabe der *»Pensées«* 1938 endgültig beenden wollte (*»Blaise Pascal: Pensées«*. 2 Bände. Paris 1938). TOURNEUR erweiterte seine Edition mit möglichen Lesarten und Konjekturen und machte damit bisher unverständlich gebliebene Fragmente erstmalig lesbar. Andere Herausgeber erkannten die Ausgabe TOURNEURS *inhaltlich* an, da dieser die *Anordnung der Fragmente* jedoch stark veränderte, blieb BRUNSCHVICGS Edition die favorisierte: Sie verbindet eine angemessene inhaltliche Transkription mit einer schlüssigen Gliederung. Daneben gibt es noch die Edition der *»Pensées«* von LOUIS LAFUMA, welche sich in dessen einbändige (!) Ausgabe des PASCAL'schen Gesamtwerkes einordnet *(»Pascal : Œuvres Complètes«*. Paris: Éditions du Seuil. 1963. S. 493-641). LAFUMAS Ausgabe unterscheidet sich vor allem durch eine ganz andere, aber ebenfalls schlüssige Anordnung der Fragmente von der BRUNSCHVICGS – da beide Ausgaben gleichermaßen bekannt, anerkannt und verbreitet sind, ist es notwendig, ein Fragment aus den *»Pensées«* stets mit *beiden* Zählweisen zu benennen.

1.2.2 Inhalt, Intention und Gliederung

In diesem Kapitel geht es darum, den *Inhalt*, die *Intention* und die *Gliederung* der *»Pensées«* anhand einiger ausgewählter Fragmente vorzustellen und damit in knapper Form die wichtigsten Aspekte dieser Apologie als Grundlage der Interpretation der ›Wette‹ zu erarbeiten. Ich möchte in die Darstellung der *»Pensées«* einsteigen, indem ich zwei Fragmente betrachte, in denen PASCAL eine mögliche Gliederung seiner *»Apologie des Christentums«* konzipiert. Beide geben einen Überblick über den geplanten *Inhalt*, aber auch über die *Intention* der *»Pensées«*, zudem wird die Frage der *Methode* angeschnitten. Das erste zu betrachtende Fragment ist die Nr. 187 (Laf. 12):

> „*Anordnung*. Die Menschen verachten die Religion, sie hassen sie und fürchten, daß sie wahr sei. Um sie davon zu heilen, muß man zunächst zeigen, daß die Religion der Vernunft nicht widerspricht; daß sie verehrungswürdig ist, um ihr Achtung zu verschaffen; sie alsdann liebenswert machen, damit die Guten wünschen, daß sie wahr sei, und dann zeigen, daß sie Wahrheit ist. Verehrung verdient sie, weil sie den Menschen so gut gekannt hat; liebenswert ist sie, weil sie das wahre Gute verheißt."[27]

BRUNSCHVICG, der der von PASCAL vorgenommenen Anordnung so weit wie möglich folgen wollte, gliedert dieses Fragment unter der Nr. 187 in das zweite Kapitel der *»Pensées«* ein – was die Interpretation nahelegt, die hier angedachte Ordnung

---

[27] PASCAL: *Pensées*. [1670] Hrsg. von E. Wasmuth. [7]1972. Fragment 187 (Laf. 12). S. 97/98.

gelte lediglich für den nachfolgenden Teil des Textes. In seiner Schrift *»Pascal«* [1967] sagt J. MESNARD jedoch, dieses Fragment sei ursprünglich die *erste* der von PASCAL hinterlassenen Notizen zu den *»Pensées«* gewesen[28]; man kann daher annehmen, daß die in diesem Fragment geplante Gliederung die *gesamten »Pensées«* umfaßt.

Das Gliederungsfragment 187 geht nun weniger auf die Einteilung der *»Pensées«* ein, als vielmehr auf die *Argumentationsstruktur,* mittels der PASCAL sein Ziel erreichen will. Dieses Ziel der Apologie, ebenfalls ableitbar aus obigem Fragment, besteht in der *Änderung der Einstellung der Menschen gegenüber der Religion:* Aus Verachtung soll Liebe werden. Erzeugt wird diese Liebe mittels eines mehrstufigen Prozesses: Der Atheist verehrt das Rationale und verachtet die Religion, weil sie ihm *irrational* erscheint – daher soll zuerst gezeigt werden, daß die Religion der Vernunft nicht widerspricht. Im Anschluß an den Beweis der Religion als rational möchte PASCAL den Atheisten dazu bringen, die Religion zu *achten* – der rationalen Religion wird eine verehrungswürdige Bedeutung zugeschrieben. Wenn der Atheist die Religion achtet, soll er sie im nächsten Schritt *lieben* lernen – die Verehrung der Rationalität wird auf eine emotionale Ebene transportiert. Mit dem Lieben der Religion geht laut obigem Fragment der Wunsch einher, die Religion – als Grundlage einer tiefen Überzeugung – möge wahr sein; aufbauend auf diesem Wunsch nach Wahrheit der Religion will PASCAL sie im letzten Schritt dann als wahr beweisen.

PASCAL scheint auf zwei verschiedenen *Überzeugungsebenen* zu arbeiten: Er setzt bei der eher *emotionalen* Angst der Atheisten vor der Religion an, um davon ausgehend die Vernunftorientierung der Religion zu beweisen und damit Achtung auf rationalem Niveau zu erzeugen. Diese intellektuelle Verehrung soll sich in *emotionale* Liebe wandeln und den ebenfalls emotionalen Wunsch nach Wahrheit herbeiführen – welche dann *rational* bewiesen wird. Diese Aufteilung der Überzeugungsarbeit auf eine emotionale und eine rationale Ebene entstammt der – im biographischem Kontext bereits erwähnten – wissenschaftlichen Methodenschrift *»L'esprit géométrique et l'art de persuader«.* Dort beschreibt PASCAL den Menschen als von zwei Seiten beeinflußbar:

> „Ein jeder weiß, daß es zwei Zugänge gibt, durch die die Meinungen in die Seele Einlaß finden, [...] nämlich das Verstehen und den Willen. Der natürlichste Zugang ist das Verstehen, denn man sollte nur bewiesenen Wahrheiten zustimmen. Der häufigste aber [...] ist der des Willens, denn der größte Teil der Menschen wird fast

---

[28] MESNARD: *Pascal.* Paris ⁵1967. Vgl. S. 150.

1. Grundlagen

stets nicht durch den Beweis, sondern durch das Gefallen bestimmt, etwas zu glauben."[29]

PASCALS berühmte Differenzierung von ›cœur‹ (Willen, Gefallen, Herz) und ›esprit‹ (Denken, Verstand, Geist) in *»L'esprit géométrique et l'art de persuader«* bleibt in den *»Pensées«* bestehen, hier wendet PASCAL seine theoretischen Ansichten praktisch auf den Atheisten an. Durch die simultane Beeinflussung von Fühlen und Denken erhofft sich PASCAL *maximale Überzeugungskraft*:

> „Die Eigenschaften aber, die sowohl den anerkannten Wahrheiten als auch den Wünschen des Herzens verbunden sind, sind ihrer Wirkung so sicher, daß es auf der Welt nichts gibt, was es mehr wäre."[30]

Liest man das Fragment 187 als Skizze der Argumentationsstruktur der *»Pensées«*, so wird deutlich, daß PASCAL beabsichtigt, den Skeptiker mittels des Beweises der Religion als wahr zu überzeugen. Interessant ist vor allem, daß dieser theoretische Beweis nur *Mittel zum Zweck* ist: Durch die in *»L'esprit géométrique et l'art de persuader«* entwickelte, wissenschaftliche und objektive Methodik werden die Vorurteile des Atheisten gegen die Religion zerstört – der folgende komplexe Beweis selbst interessiert PASCAL nur in pragmatischer Hinsicht, in Bezug auf seine Funktionalität. Zentraler Gegenstand der *»Pensées«* ist der Mensch, der skeptische Atheist, er soll sich dem Glauben und natürlich Gott selbst zuwenden. Die Anwendung von wissenschaftlicher Methodik auf den ›Gegenstand Religion‹ ist eine auf den vernunftorientierten Adressaten abgestimmte Vorgehensweise; seine Vorurteile gegen die Religion werden mittels einer von ihm anerkannten, naturwissenschaftlich-objektiven Methodik ausgeräumt. Vernunft spielt damit vor allem auf der Ebene der Methodik eine Rolle, während die Intention der *»Pensées«* auf Emotionalität abzielt.

Neben dem bisher betrachteten Fragment 187 ist für die Frage nach dem Inhalt und der Intention der *»Pensées«* auch die aus dem 2. Kapitel stammende Nr. 60 (Laf. 6) interessant:

> „*Erster Teil:* Elend des Menschen ohne Gott.
> *Zweiter Teil:* Glückseligkeit des Menschen mit Gott.
> Anders:

---

[29] PASCAL: *Vom geometrischen Geist und von der Kunst zu überzeugen.* [1658] In: *Die Kunst zu überzeugen.* Hrsg. von E. Wasmuth. Heidelberg ³1963. S. 85.
[30] Ebd., S. 89.

Erster Teil: Daß unsere Natur verderbt ist, an Hand der Natur selbst.

Zweiter Teil: Daß es einen Heiland gibt, an Hand der Schrift."[31]

In diesem Fragment notierte sich PASCAL zwei Möglichkeiten, den Text der »Pensées« (oder lediglich einen Teil) zu strukturieren – wobei diese Möglichkeiten bei näherer Betrachtung sehr ähnlich sind. Beide benennen zwei große Teile. Der jeweils *erste* beschäftigt sich mit der *mißlichen Lage des Menschen in der Welt:* Seine Natur ist verdorben, er ist elend ohne Gott. Der jeweils *zweite* Teil widmet sich dem gegenteiligen Entwurf, nämlich der *glücklichen Lage des Menschen mit Gott.* Diese Zweiteilung findet sich in den »Pensées« wieder, die Frage nach der *Lage des Menschen* sowie die *Auslegung der Bibel* sind die zwei wichtigsten und umfangreichsten Themen dieser Schrift.

Wie es das Fragment 60 postuliert, erläutert PASCAL in den ersten Kapiteln der »Pensées« sein Menschenbild. Erwartungsgemäß läßt es sich mit dem Schlagwort ›Elend ohne Gott‹ zusammenfassen; beispielhaft sei das Fragment 199 (Laf. 434) zitiert:

> „Man stelle sich eine Anzahl Menschen vor, in Ketten gelegt und alle zum Tode verurteilt, von denen immer einige Tag für Tag vor den Augen der andern erdrosselt werden; so daß die, die zurückbleiben, ihre eigne Lage in der ihresgleichen sehen und voller Schmerz und ohne Hoffnung aufeinanderschauen und warten, daß die Reihe an sie komme. Das ist ein Bild der Lage des Menschen."[32]

Dieses Fragment ist ungleich drastischer als andere, dafür verdeutlicht es PASCALS Menschenbild um so klarer. Der Mensch ist ein Gefangener, der sich aus eigener Kraft nicht zu befreien vermag und gemeinhin nur auf sein unausweichliches Ende wartet. PASCALS Anthropologie wird jedoch nicht von dieser negativen Sicht des Menschen dominiert – denn setzt man den Menschen in Relation zur Natur, zu den anderen natürlichen Dingen, dann erkennt man seine Qualitäten:

> „Nur ein Schilfrohr, das zerbrechlichste in der Welt, ist der Mensch, aber ein Schilfrohr, das denkt. Nicht ist es nötig, daß sich das All wappne, um ihn zu vernichten: ein Windhauch, ein Wassertropfen reichen hin, um ihn zu töten. Aber, wenn das All ihn vernichten würde, so wäre der Mensch doch edler als das, was ihn zerstört, denn er weiß, daß er stirbt, und er kennt die Übermacht des Weltalls über ihn; das Weltall aber weiß nichts davon.

---

[31] PASCAL: *Pensées.* [1670] Hrsg. von E. Wasmuth. Heidelberg [7]1972. Fragment 60 (Laf. 6). S. 38.

[32] Ebd., Fragment 199 (Laf. 434). S. 113.

1. Grundlagen

Unsere ganze Würde besteht also im Denken, an ihm müssen wir uns aufrichten [...]."[33]

Der Mensch ist ein gefangenes und schwaches Wesen, doch er besitzt das *Denken*. Der Mensch *weiß* um seine Schwäche, um seine mißliche Lage – und dieses Wissen verleiht ihm *Würde*.

„[...] Kurzum, der Mensch weiß, daß er elend ist: also ist er elend, da er es ist; groß aber ist er, da er es weiß."[34]

Das Denken macht die Größe des Menschen aus, es erhebt ihn auf eine würdevolle und über dem All stehende Position – doch auch diese Sicht vermag PASCALS Menschenbild nicht vollständig zu beschreiben, es ist jetzt *zu positiv*. Wenn das *Denken* dem Menschen eine Sonderstellung zuweist, so gibt es auch einen Aspekt, der den Menschen *einschränkt*, der ihn wieder auf eine begrenzte Position festlegt, weil er jenseits des menschlichen Verstandes liegt: die *Unendlichkeit*.

„[...] Denn, was ist zum Schluß der Mensch in der Natur? Ein Nichts vor dem Unendlichen, ein All gegenüber dem Nichts, eine Mitte zwischen Nichts und All. Unendlich entfernt von dem Begreifen der äußersten Grenzen, sind ihm das Ende aller Dinge und ihre Gründe undurchdringlich verborgen, unlösbares Geheimnis; er ist gleich unfähig, das Nichts zu fassen, aus dem er gehoben, wie das Unendliche, das ihn verschlingt. [...]"[35]

Zwischen dem *unendlichen Sein* und dem *unendlichen Nichtsein* stehend, befindet der Mensch sich zwischen zwei unendlich weit entfernten Polen, in der Mitte zwischen Allem und Nichts. Seine Vernunft, sein Denken kann ihm hier nicht helfen, er kann das Unendliche nicht begreifen, es überfordert den menschlichen Verstand. Das Unendliche ist ein göttliches Prädikat, es steht im Gegensatz zum begrenzten, endlichen Sein und Denken des Menschen – die Verlorenheit des Menschen, seine Gefangenschaft und seine Schwäche resultiert nicht zuletzt aus seiner Position in der Mitte von zwei Extremen. Das Denken zeichnet den Menschen zwar aus, ist aber nur endlich – die Unendlichkeit und Gott stehen jenseits des menschlichen Vernunftbereichs.

Neben dem Zustand des Menschen thematisiert PASCAL auch seine *zentralen Handlungsmotive*:

„Wir wünschen die Wahrheit, und wir finden in uns nur Ungewißheit.

---

[33] Ebd., Fragment 347 (Laf. 200). S. 167.
[34] Ebd., Fragment 416 (Laf. 122). S. 186.
[35] Ebd., Fragment 72 (Laf. 199). S. 43.

Wir suchen das Glück, und wir finden nur Elend und Tod. Wir sind unfähig, Wahrheit und Glück nicht zu wünschen, und sind der Gewißheit und des Glückes nicht fähig. [...]"[36]

In diesen menschlichen Handlungsmotiven spiegelt sich wiederum PASCALS Differenzierung von ›cœur‹ und ›esprit‹ wieder. *Glück* zu erlangen ist der Wunsch des *Herzens*, während der *Verstand* des Menschen sich vornehmlich nach *Gewißheit* und *Wahrheit* sehnt. – Der Mensch ist elend und gefangen zwischen zwei unendlichen, unerreichbaren Extremen; durch das Denken besitzt er jedoch eine gewisse Würde sowie die Fähigkeit, nach Glück und Gewißheit zu streben – mit dieser Aussage kann man PASCALS Anthropologie zusammenfassen.

Es stellt sich nun noch die Frage, wie der Mensch sich aus seiner mißlichen Lage befreien kann. Angesichts der großen Bedeutung, die PASCAL dem Denken zuschreibt, könnte man darin das Mittel ausmachen, das zu Glück und Gewißheit verhilft – diese Rolle kommt jedoch *Gott* zu:

„[...] Und indessen hat seit so vielen Jahren keiner dies Ziel [das Glück], auf das alle es ständig abgesehen haben, ohne den Glauben erreicht. [...]"[37]

PASCAL legt also zunächst dar, wie elend der Mensch ist, um dann mit Gott den Ausweg aus der Gefangenschaft aufzuzeigen. Die Denkfähigkeit des Menschen spielt insofern in die Befreiung des Menschen hinein, als daß der Mensch mit ihrer Hilfe die Chance, die Gott bietet, erkennen kann, daß mit ihr die Wahrheit der Religion erfaßt werden kann. Es ist eine zentrale Intention der PASCAL'schen Apologie, dem Menschen mittels des Glaubens zu Glück und Wahrheit zu verhelfen – die »Pensées« sind nicht nur eine Verteidigungsschrift, sie besitzen beinahe eine Bekehrungsintention. Dabei glaubt PASCAL jedoch nicht, den Atheisten unmittelbar in einen Gläubigen verwandeln zu können – intendiert ist lediglich das Bemühen um Glauben, eine „Bereitschaft im Herzen"[38]. In diesem Kontext wird besonders deutlich, daß PASCALS Bild des Menschen wie auch die gesamte Intention der »Pensées« auf einen Atheisten bezogen ist – *seine* mißliche Lage wird thematisiert, *er* muß sein Denken auf Gott konzentrieren, um errettet zu werden. Wer auf Gott vertraut, ist schon befreit; Gefangener ist nur, wer die Hilfe des Glaubens noch nicht erkannt hat.

---

[36] Ebd., Fragment 437 (Laf. 401). S. 206/207.
[37] Ebd., Fragment 425 (Laf. 148). S. 189.
[38] Ebd., Fragment 286 (Laf. 381). S. 144.

1.2.3 Der Adressat

Während der Betrachtung des *Inhalts* und der *Gliederung* der *»Pensées«* wurde deutlich, daß PASCAL eine adressatenbezogene Intention verfolgt, daß der die Religion verachtende Ungläubige zentraler Gegenstand der Apologie ist – in diesem Kapitel soll daher der Adressat der *»Pensées«* explizit betrachtet werden. Interessant ist neben seinen *Charakteristika* zunächst die *Deutlichkeit*, mit der PASCAL die Schrift auf den Adressaten ausrichtet – ganz, wie er es in seiner Methodenschrift *»L'esprit géométrique et l'art de persuader«* fordert:

> „Daraus geht klar hervor, daß man, wovon immer man jemanden überzeugen will, auf den Menschen Rücksicht zu nehmen hat, den man überzeugen will. Man muß seinen Geist und sein Herz kennen und wissen welchen Grundsätzen er zustimmt [...]."[39]

Eine Schrift muß direkt auf den Adressaten ausgerichtet werden, eine genaue Kenntnis seiner Meinung zum Gegenstand der Diskussion ist unbedingt notwendig. Diese von PASCAL theoretisch postulierte *Adressatenbezogenheit der Argumentation* findet sich in den *»Pensées«* wieder:

> „Wenn man mit Erfolg entgegnen und einem anderen aufzeigen will, daß er sich irrt, muß man darauf achten, von welcher Seite er die Sache ansieht. [...]"[40]

PASCAL plante seine Argumentation in den *»Pensées«* also in Hinblick auf einen Adressaten, die ihm zugeschriebene Eigenschaften sind Ausgangspunkt der Schrift. Es stellt sich nun die Frage, wie dieser Adressat beschaffen ist, um welchen Typ Mensch es sich handelt – aus den bisher behandelten Fragmenten man kann seine wichtigste Eigenschaft bereits ableiten: Er ist ungläubig und verachtet die Religion als irrational. Nach PASCALS Sicht strebt er – wie alle Menschen – nach Glück und Wahrheit, ist jedoch wegen seiner Ungläubigkeit ein gefangenes Wesen.

Im Verlauf der Lektüre der *»Pensées«* fällt auf, daß PASCAL konkrete *Namen* nennt, wenn er die Argumente eines typischen Atheisten gegen die Religion zitiert: DAMIEN MITON etwa wird in den Fragmenten 192, 448 und 455 (Laf. 853, 642, 597) benannt, der HERZOG VON ROANNEZ in 276 (Laf. 983). Diese Personen sind aus der Biographie PASCALS bekannt, es handelt sich um Freunde aus der Zeit, in der PASCAL in den Salons der Pariser Gesellschaft verkehrte. Versucht man diese Personen als *Typen* zu erfassen, so lassen sie sich mit dem Begriff des ›honnête

---

[39] PASCAL: *Vom geometrischen Geist und von der Kunst zu überzeugen.* [1658] In: *Die Kunst zu überzeugen.* Hrsg. von E. Wasmuth. Heidelberg ³1963. S. 89/90.
[40] PASCAL: *Pensées.* [1670] Hrsg. von E. Wasmuth. Heidelberg ⁷1972. Fragment 9 (Laf. 701). S. 24.

homme‹ kennzeichnen, den der – ebenfalls in biographischem Kontext erwähnte – CHEVALIER DE MÉRÉ prägte und den PASCAL ausdrücklich in den »Pensées« verwendet[41]. Unter einem ›honnête homme‹ verstand DE MÉRÉ einen „rechtschaffenen, wohlerzogenen, gebildeten, ehrenhaften, angenehmen Menschen"[42] – ein Ideal an Bildung, Erziehung und aristokratischer Vornehmheit, dem sich ROANNEZ und MITON zugehörig fühlten. Auch *Atheismus* ist eine zentrale Eigenschaft des ›honnête homme‹ – verborgen hinter der Ansicht, die Religion sei unnatürlich, weil irrational.

Sagt PASCAL in »*L'esprit géométrique et l'art de persuader*«, eine genaue Kenntnis des Adressaten sei nötig, um ihn adäquat erreichen zu können, so kann man nach der Identifizierung des ›honnête homme‹ als Adressaten sagen, daß er diesem Anspruch gerecht wird: Die Diskussionen, die PASCAL mit den ›Gentlemen‹ der Pariser Salons führte, dürften ihm die Denkweise der modernen Atheisten gezeigt und die Methodik, Struktur und Intention der »*Pensées*« geprägt haben.

Der ›honnête homme‹ wird zum Gegenstand der Apologie PASCALS, weil er sich „nur von der Vernunft leiten"[43] läßt und aus dieser Dominanz der Vernunft eine Ablehnung der Religion als irrational resultiert – so der bisherige Eindruck. In den »*Pensées*« verdeutlicht PASCAL indes, daß diese Ablehnung der Religion nicht einer rationalen Überlegung entsprungen, sondern vielmehr Resultat eines *Eindrucks* ist – wie folgende Äußerung eines ›honnête homme‹ veranschaulicht:

> „M. de Roannez sagte: Die Gründe finde ich nachher; zuerst gefällt mir etwas oder es stößt mich ab, ohne daß ich den Grund wüßte, und indessen stößt es mich aus eben dem Grund ab, den ich erst nachher entdecke. [...]"[44]

Mit der Vernunftorientierung des ›honnête homme‹ ist es also nicht weit her: Beeinflußt von *Eindrücken* bildet er sich eine Meinung und versucht erst anschließend, sie durch Vernunft zu begründen; die Ablehnung der Religion ist nicht Ergebnis eines Denkprozesses, sondern entstand vielmehr durch einen negativen Eindruck. Diese Denkweise des Atheisten bietet für PASCAL indes eine Handlungsmöglichkeit: Wenn er den Eindruck zu ändern vermag, den der Atheist von der Religion hat, strebt der ›honnête homme‹ – gemäß der Äußerung ROANNEZ' – selbst danach, den neuen *positiven Eindruck* rational zu untermauern, in diesem Fall also nach

---

[41] *Œuvres de Blaise Pascal*. Hrsg. von L. Brunschvicg. Band XII. [1904] Vaduz 1965. Vgl. Fragmente 35, 38 (Laf. 647, 732).
[42] PASCAL: *Pensées*. [1670] Hrsg. von E. Wasmuth. Heidelberg ⁷1972. Vgl. Anm. 1 zu Fragment 35. S. 451.
[43] Ebd., Fragment 226 (Laf. 150). S. 118.
[44] Ebd., Fragment 276 (Laf. 983). S. 140/141.

der Wahrheit der Religion. Die von PASCAL in Fragment 187 (Laf. 12) aufgezeigte Abfolge der Beeinflussung von Herz und Geist ist somit optimal auf die Denkweise des ›honnête homme‹ abgestimmt.

Auch hinsichtlich ihres *Anspruches* sind die *»Pensées«* auf den ›honnête homme‹ ausgerichtet: PASCAL geht davon aus, daß seine Leser mit den wichtigsten theologischen und philosophischen Strömungen vertraut sind, wenn er DESCARTES, MONTAIGNE und AUGUSTINUS zitiert, ebenso wie mathematische Kenntnisse vorausgesetzt werden, wenn in der ›Wette‹ mittels eines Kalküls die Frage nach der Nützlichkeit des Glaubens beantwortet wird. In diesem Kontext weist J. STEINMANN darauf hin, daß durch die Charakterisierung des Adressaten als ›honnête homme‹ der Leserkreis der *»Pensées«* auf die *gebildete Oberschicht* eingeschränkt werde; PASCAL will nicht die Massen bekehren, sondern eine *genau definierte Elite* mit Glaubensfragen konfrontieren[45]. PASCAL wendet die Methodik der Wissenschaft sinnvoll auf die Religion an und beweist sie mittels dieses Kunstgriffs als ebenfalls rational. Dabei ist sein Ziel, seine Intention nicht in dem Beweis dieses Zusammenhangs, dieser Entsprechung zwischen Wissenschaft und Religion selbst zu sehen, sondern vielmehr im Aufzeigen der Chance, die sich hier für den Menschen auftut: Auch in der modernen Zeit ist Glauben ohne Widersprüche, ja sogar mit rationalem Anspruch möglich.

Der ›honnête homme‹ ist von PASCAL also als Leser der *»Pensées«* eingeplant worden, die Intention dieser Schrift richtet sich zu einem großen Teil an den Interessen sowie dem Charakter dieser Zeitgenossen aus. Daneben muß man aber auch anmerken, daß der ›honnête homme‹ in den *»Pensées«* als PASCALS *fiktiver Gesprächspartner* fungiert – vor allem das Fragment der ›Wette‹ läßt den ›honnête homme‹ mehrmals mit Fragen, Einwänden und anderen Äußerungen zu Wort kommen. Hier ist keine Referenz auf ein real stattgefundenes Gespräch vorauszusetzen, maximal wurde PASCAL durch reale Personen zur Integration dieser fiktiven Figur inspiriert. *Der ›honnête homme‹ als Gesprächspartner im Text ist fiktiv, ein literarisches Element mit eindeutiger Funktion.*

Wenn er spricht, reagiert er auf PASCALS Darlegungen, widerspricht oder stimmt zu – man kann daher annehmen, daß er so etwas wie ein in den Text integrierter (fiktiver) Prüfstein, eine Art (fiktive) Instanz ist, vor der PASCAL seine ›Verteidigung des Christentums‹ vorträgt. Die Aufnahme des fiktiven Gesprächspartners in den Text hat eine auf den tatsächlichen Leser ausgerichtete Funktion: Er identifiziert sich mit dem Skeptiker und sieht sich selbst so in unmittelbarem Dialog mit PASCAL. Wenn der Gesprächspartner fragt, glaubt der Leser, seine Frage werde

---

[45] STEINMANN: *Pascal.* Stuttgart 1954. Vgl. S. 274.

ausgesprochen, wenn der Skeptiker überzeugt von PASCALS Argumentation ist, glaubt der Leser ebenfalls überzeugt zu sein. In dieser *indirekten* Überzeugung des Lesers liegt die Raffinesse dieses literarischen Kunstgriffs: Durch seine Identifikation mit dem fiktiven Gesprächspartner vernachlässigt der Leser die eigenständige Überprüfung der Argumentation, er übernimmt automatisch die Meinung des fiktiven Gesprächspartners und ist dann überzeugt, wenn PASCAL den fiktiven Gesprächspartner äußern läßt, er sei nun überzeugt. Durch die Integration des fiktiven Gesprächspartners wird der Leser somit fast entmündigt – nur wenn er sich stets die Fiktionalität und Funktionalität dieser Figur vor Augen hält, kann er PASCALS Darlegung unabhängig prüfen.

Mit dem Verweis auf den ›honnête homme‹ als Leser wie auch als fiktiven Gesprächspartner in den *»Pensées«* ist die Frage nach dem von PASCAL intendierten Adressaten jedoch noch nicht erschöpfend beantwortet. Angesichts der oben postulierten Intention der *»Pensées«* (Verteidigung des christlichen Glaubens als rational begründbar) kommt noch eine andere Gruppe als Adressat in Frage: All jene, die bereits gläubig sind, die aber nach einem Mittel suchen, um ihren Glauben rational begründen zu können. Für sie kann PASCALS *»Apologie«* das Mittel sein, um Vorwürfe gegen ihren Glauben abwehren zu können, um ihren Glauben als rational und damit als gerechtfertigt beweisen zu können. Gerade vor dem Hintergrund dieser Adressatengruppe macht die Interpretation des fiktiven Gesprächspartners als prüfende Instanz Sinn: Den gläubigen Lesern erscheint es, als werde PASCALS Argumentation schon im Verlauf ihrer Entwicklung von einer Person geprüft, die charakteristisch für diejenigen ist, gegen die die Gläubigen ihren Glauben verteidigen müssen – und wenn diese Person PASCALS Argumentation akzeptiert, erscheint diese Argumentation den Gläubigen auch als zur Verteidigung ihres Glaubens geeignet.

Für die Frage nach dem Adressaten der *»Pensées«* kann man somit zusammenfassend sagen, daß PASCAL mit einer einzigen Intention zwei verschiedene Gruppen von Lesern anspricht. Zum einen zeigt die mit den *»Pensées«* angestrebte Rechtfertigung und Verteidigung des christlichen Glaubens den zeitgenössischen Atheisten, den ›honnête hommes‹, daß Glauben nicht irrational, sondern ganz im Gegenteil höchst rational ist. Die von diesen Atheisten angegriffene Gruppe der Gläubigen kann sich der *»Pensées«* ebenfalls bedienen, wenn sie – wiederum gegenüber den Atheisten – ihren Glauben begründen möchte; die *»Pensées«* sind somit angesichts einer Auseinandersetzung zwischen Gläubigen und Ungläubigen konzipiert und verfolgen u.a. die Absicht, diesen Streit durch den Beweis des Glaubens als rational beizulegen.

1.3 Zusammenfassung

BLAISE PASCAL präsentiert sich heute als eine sehr vielschichtige Person: Auf dem Hintergrund seiner Auffassungen von der *Rolle der Vernunft in der Wissenschaft* erscheint PASCAL modern, als typischer Vertreter der frühen Neuzeit, die sich von der mittelalterlichen Ordnung abwandte und ihr Heil nicht mehr in antiken Autoritäten, sondern im eigenen Denken und Können suchte. Auch die von ihm postulierte vernunftbezogene Position der Wissenschaft zeigt, daß PASCALS Verständnis von Methodik und Aufgabe der Wissenschaft dem heutigen nicht fern war. Dieses Bild des modernen PASCAL vernachlässigt jedoch sein *religiöses Verhalten*, welches oft nur einen Schritt vom Wahn entfernt zu sein scheint – etwa wenn er am Ende seines Lebens einen Stachelgürtel um den Leib trägt, der ihn an seine Meditationen gemahnen soll. Vor dem Hintergrund dieser Informationen problematisiert sich PASCALS Bild: Er zeigt hier einen Hang zur Selbstkasteiung und Weltentsagung, wie man ihn sonst nur in mittelalterlicher Frömmigkeit findet. Wenn man über PASCAL als Mensch etwas aussagen will, muß vor allem diese Vielschichtigkeit, diese Unbegreifbarkeit als zentraler Zug seines Wesens betont werden.

Die ›Wette‹, die einleitend als ungewöhnlicher Text bezeichnet wurde, ist vor dem Hintergrund der komplexen Persönlichkeit PASCALS gar nicht mehr so ausgefallen – spiegelt sie doch nur das wieder, was er sein Leben lang praktizierte: Das Vermischen der verschiedensten Interessen und unterschiedlichsten Fachgebiete. Wenn PASCAL Mathematik und Theologie – oder schärfer formuliert: Glücksspiel und Glauben – verbindet, greift er lediglich auf zwei seiner Steckenpferde zurück; was befremdlich erscheinen kann, wird auf dem Hintergrund seines Lebens zu einer naheliegenden Verknüpfung. Die ›Wette‹ ist unter Beachtung von PASCALS Leben und Wirken nicht mehr befremdlich, sondern der logische Endpunkt in einem an sich ungewöhnlichen Leben.

Aufgrund seiner komplexen Persönlichkeit ist es nicht möglich, aus PASCALS Leben *ein* Leitmotiv, *eine* sich durch sein ganzes Wirken ziehende Intention abzuleiten und die ›Wette‹ an dieser Position zu messen – fest steht indes, daß sie unbedingt *für* Gott arbeiten, daß sie den Glauben als Rettung aus der Gefangenschaft darstellen muß. Ähnliches ergibt sich für die ›Wette‹ aus der Betrachtung der *»Pensées«*: Sie wird die Verlorenheit des Menschen zwischen dem Unendlichen und dem Nichts verarbeiten und dem Leser mit Gott den Weg aus diesem elenden Leben weisen.

Ich möchte bereits an dieser Stelle die These aufstellen, daß die ›Wette‹ in der Intention der *»Pensées«* eine, wenn nicht sogar *die* zentrale Rolle einnimmt; daß die ›Wette‹ ein zentrales oder sogar *das* zentrale apologetische Mittel der *»Pensées«* ist:

Die ›Wette‹ ist das Fragment, in welchem PASCAL den Glauben an Gott als rational begründbar beweist und als solches ist die ›Wette‹ das Element der *»Pensées«*, welches den apologetischen Anspruch dieser Schrift erfüllt. Alles andere, etwa die Darlegung des Menschenbildes und die Auslegung der Bibel ist vor dem Hintergrund dieser Interpretation der ›Wette‹ nur Einleitung, Schilderung des theologischen und anthropologischen Hintergrundes – die ›Wette‹ wird zum eigentlichen Kernstück, zum zentralen und wichtigsten Bestandteil dieser Schrift. In ihr wird das verarbeitet, was zuvor allgemein zu Mensch und Gott gesagt wurde, in ihr wird der fiktive ›honnête homme‹ mit literarischem und stilistischem Raffinement von der Rationalität des Glaubens überzeugt.

2 ANALYSE DES FRAGMENTS 233

In diesem Kapitel soll die ›Wette‹, d.h. das Fragment 233 der PASCAL'schen »Pensées«, inhaltlich erarbeitet und analysiert werden; im Mittelpunkt des Interesses wird allein der Text selbst stehen. Weiterführende Fragen und Probleme werden angesprochen, nicht aber ausführlich betrachtet; sie sind Gegenstand des nächsten Kapitels (3), welches sich mit speziellen Fragen im Kontext der ›Wette‹ beschäftigt. Warum diese Trennung zwischen der Betrachtung des Fragments selbst und der Analyse weiterführender Fragen vorgenommen wird, ist bereits im Vorwort erläutert worden: Der recht große Umfang des Fragments, vor allem aber seine Vielschichtigkeit und Komplexität legen eine solche Trennung nahe, droht doch sonst der rote Faden, der sich in Gestalt von PASCALS Argumentation durch den Text zieht, verloren zu gehen.

Natürlich ist die Beschränkung dieses Kapitels auf das Fragment 233 nicht streng durchzuhalten: Als Bestandteil der »Pensées« steht die ›Wette‹ in unmittelbarem Zusammenhang mit den anderen Texten dieser Schrift, welche an einigen Stellen erklärend und erläuternd herangezogen werden müssen. Auch PASCALS Methodenschrift »De l'esprit géométrique et de l'art de persuader« wird eine gewisse Rolle spielen, findet man dort doch einen Großteil dessen theoretisch begründet, was in den »Pensées« praktisch am Gegenstand des Glaubens bzw. des Christentums angewendet wird. Derartige Exkurse sind in diesem Kapitel also durchaus geplant – was vermieden werden soll, ist die auch an anderer Stelle mögliche Betrachtung komplexer Einzelfragen.

Um die Diskussion der ›Wette‹ übersichtlicher zu gestalten, habe ich den Text des Fragments 233 in einzelne Sinnabschnitte gegliedert. Im Folgenden werden diese Passagen nacheinander diskutiert – so ist es am ehesten möglich, PASCALS Argumentation nachzuvollziehen.

2.1 Gewohnheit und Glauben

„Unsere Seele ist in den Körper gestoßen, wo sie Zahl, Zeit, räumliche Ausdehnungen vorfindet; sie denkt darüber nach und nennt das Natur, Notwendigkeit, und sie kann nichts anderes glauben."[46]

---

[46] PASCAL: Pensées. [1670] Hrsg. von E. Wasmuth. [7]1972. Fragment 233 (Laf. 418). S. 120.

In dieser einleitenden Passage führt PASCAL einen Gedanken ein, der für die ›Wette‹ von grundlegender Bedeutung sein wird: die Wechselwirkung von *Gewohnheit* und *Glauben*.

Die Seele des Menschen erfaßt das Vorhandensein von Zahl, Zeit und Raum im Körper und schließt, daß es sich hierbei um eine natürliche Grundausstattung des Menschen handelt. Die Beurteilung von Raum, Zeit und Zahl als ›natürlich‹ ist also (nur) eine Schlußfolgerung der Seele, sie kann nicht anders, als an den natürlichen Ursprung dieser Prinzipien zu glauben – PASCAL sagt nicht, daß diese tatsächlich naturgegeben sind. – Was legt der Seele diese Schlußfolgerung nahe? Die Antwort auf diese Frage ergibt sich nicht unmittelbar aus dem Fragment 233, man muß auf andere Textstücke aus den *»Pensées«* zurückgreifen. Im Fragment 92 (Laf. 125) fragt PASCAL rhetorisch: „Was sind unsere natürlichen Prinzipien anderes als Prinzipien, an die wir uns gewöhnt haben?"[47] Hier deutet sich eine Wechselwirkung von *Natur* und *Gewohnheit* an, Fragment 93 (Laf. 126) beschreibt die *Art* dieser Wechselwirkung näher: „Ich fürchte, diese Natur selbst ist nur eine erste Gewohnheit, wie die Gewohnheit eine zweite Natur ist."[48] – Man kann aus diesen Äußerungen PASCALS ableiten, daß es so etwas wie naturgegebene Prinzipien für den Menschen nicht gibt: Natur ist (erste) Gewohnheit und Gewohnheit ist (zweite) Natur; eine klare Unterscheidung zwischen naturgegebenen und kulturell gewachsenen Prinzipien ist unmöglich. „Andere Gewohnheit würde andere natürliche Prinzipien geben"[49], sagt PASCAL in Fragment 92 – hier wird die Abfolge der Entstehung von Prinzipien und Gewohnheiten deutlich: Aus menschlichen Verhaltensweisen werden zunächst Gewohnheiten, dann schließlich Prinzipien. Tatsächlich ›naturgegebene‹ Prinzipien existieren nicht, das, was die Seele für notwendige Natur hält, entstammt in Wahrheit der Gewohnheit – einem historisch gewachsenen, tradierten und gesellschaftlich fest etablierten menschlichen Verhalten. Zu ihrer (falschen) Schlußfolgerung gelangt die Seele, weil sie nicht zwischen ›erster Natur‹, ›zweiter Natur‹ und ›Gewohnheit‹ unterscheiden kann – für sie ist alles, was notwendig erscheint, ›Natur‹: „Wer zweifelt dann, daß, da unsere Seele daran gewöhnt ist, Zahl, Raum, Bewegung zu sehen, sie das und nur das glaubt?"[50]

Raum, Zeit und Zahl sind also keine natürlichen Prinzipien, sondern Produkte der menschlichen Gewohnheit, sie sind seit langer Zeit etabliert und gehören mittlerweile zur ›zweiten Natur‹ des Menschen. Das bedeutet, daß alle Menschen – als

---

[47] Ebd., Fragment 92 (Laf. 125). S. 62.
[48] Ebd., Fragment 93 (Laf. 126). S. 62.
[49] Ebd., Fragment 92 (Laf. 125). S. 62.
[50] Ebd., Fragment 89 (Laf. 419). S. 61.

2. Analyse des Fragments 233

Folge übereinstimmender Gewohnheit – die gleiche Vorstellung von diesen Prinzipien besitzen, über ihre Verwendung und ihre Definition herrscht ein gesellschaftlicher Konsens.

In dieser einleitenden Passage der ›Wette‹ deutet sich eine Wechselwirkung zwischen *Gewohnheit* und *Glauben* an, zunächst in Bezug auf die Seele und ihren durch Gewohnheit bedingten Glauben an den natürlichen Ursprung der Prinzipien. Daß jedoch auch der *Glauben an Gott* der Gewohnheit entspringt, betont PASCAL in Fragment 89 (Laf. 419): „Die Gewohnheit ist unsere Natur: wer sich daran gewöhnt hat, zu glauben, glaubt, und er kann niemals mehr die Hölle nicht fürchten und anderes glauben."[51] Dieser Zusammenhang von Gottesglauben und Gewohnheit wird später noch von einiger Bedeutung sein – rät PASCAL in seiner ›Wette‹ doch dem fiktiven Atheisten, durch die Gewohnheit zum Glauben zu gelangen und damit seine Seele zu retten. Dieser – auf den ersten Blick etwas ungewöhnliche – Ratschlag erhält sein theoretisches Fundament in diesem ersten Satz des Fragments 233, in dem PASCAL die seiner Ansicht nach gegebene Wechselwirkung von Gewohnheit und Glauben am Beispiel der Prinzipien postuliert: *Die Seele kann sich an Glauben gewöhnen, ganz gleich, ob dieser den Ursprung von Prinzipien oder aber Gott betrifft.*

Wichtig in Bezug auf die ›Wette‹ ist in diesem Kontext natürlich zudem die bisher vernachlässigte Frage, welche *Funktion* die angesprochenen Prinzipien Raum, Zeit und Zahl eigentlich haben. Betrachtet man diese Prinzipien genauer, so fällt auf, daß das von PASCAL angegebene, durch Gewohnheit fest verankerte Grundwissen des Menschen sehr abstrakter Natur, ja fast mathematischer Art ist; Raum, Zeit und Zahl sind so etwas wie das grundlegende, naturwissenschaftliche Wissen des Menschen. Sucht man für diese Prinzipien einen Oberbegriff, so könnte man sie annähernd als ›*menschliche Beurteilungskriterien allgemeiner Ordnung*‹ bezeichnen. Das Element der *Beurteilung* kommt ins Spiel, weil PASCAL – weiter unten im Fragment 233 – die Funktion dieser Prinzipien darin sieht, das *Dasein,* also die Existenz verschiedenster Dinge zu beurteilen: Der Mensch selbst z.B. zeichnet sich durch eine meßbare räumliche Ausdehnung aus und ist so mit Hilfe der Beurteilungskriterien als existent aufweisbar. Bei Dingen, die nicht mit diesen Kategorien erfaßbar sind – als Beispiel dient Gott – versagt die menschliche Grundausstattung, die Existenz dieser Dinge kann nicht bewiesen werden. Darauf wird noch zurückzukommen sein.

---

[51] Ebd.

2.2 Endlichkeit und Unendlichkeit

„Die Eins, dem Unendlichen hinzugefügt, vermehrt es um nichts, nicht mehr als ein Fuß einen unendlichen Maßstab; das Endliche vernichtet sich in Gegenwart des Unendlichen, es wird ein reines Nichts. So unser Geist vor Gott, so unsere Gerechtigkeit vor der göttlichen Gerechtigkeit. Zwischen unserer Gerechtigkeit und der Gottes ist das Mißverhältnis nicht so groß wie zwischen der Eins und dem Unendlichen. Die Gerechtigkeit Gottes muß über alle Maßen groß sein wie seine Barmherzigkeit; nun, die Gerechtigkeit, die den Verdammten wird, ist weniger über alle Maßen groß, und sie sollte uns weniger befremden als die Barmherzigkeit gegen die Erlösten."[52]

Nach Einführung der ›*allgemeinen Beurteilungskriterien des Menschen*‹ und der *Wechselwirkung von Gewohnheit und Glauben* wendet sich PASCAL im obigen Absatz einem anderen Thema zu: *Endlichkeit* und *Unendlichkeit*. Dabei bemüht er sich nicht um eine *Definition* dieser Begriffe, sondern stellt die *Beziehung* zwischen ihnen heraus – wie zuvor bei Gewohnheit und Glauben. Bringt man das Ergebnis der obigen Abwägung auf den Punkt, so beschreibt PASCAL hier die allgemein gültige Regel, daß etwas Unendliches durch Hinzufügung nicht vergrößert werden kann ($\infty + a = \infty$): Ein unendliches Maß wächst nicht durch Hinzufügung eines endlichen Maßes, z.B. eines Fußes, die göttliche Gerechtigkeit vermehrt sich nicht durch die Addition der menschlichen. Das Endliche wird neben dem Unendlichen zum Nichts – und so ist der Mensch neben Gott ein Nichts, da seine endlichen Attribute im Vergleich zu den unendlichen göttlichen nichtig sind.

Daß sich bei einem Vergleich zwischen Endlichkeit und Unendlichkeit nicht immer die Nichtigkeit des Endlichen erweist, offenbart sich im letzten Satz dieses Abschnitts: Bezüglich der menschlichen und göttlichen *Gerechtigkeit* gilt die Regel von der Nichtigkeit des Endlichen gegenüber dem Unendlichen nicht mit aller Schärfe. Die Gerechtigkeit Gottes ist *weniger* über alle Maßen groß und daher für den Menschen *weniger* befremdlich. Daß diese Annäherung eines menschlichen und eines göttlichen Attributs jedoch ein Ausnahmefall ist, wird an der göttlichen *Barmherzigkeit* deutlich: Sie ist über alle Maßen groß und erscheint dem Menschen als sehr befremdlich. – Die einzelnen göttlichen Attribute unterscheiden sich also trotz ihrer Unendlichkeit quantitativ, entscheidendes Kriterium der Differenzierung ist die Relation ihrer Größe zur entsprechenden menschlichen Eigenschaft: Je fremder und abstrakter dem Menschen ein göttliches Attribut erscheint, desto weiter ist die Entfernung zwischen Gott und Mensch hinsichtlich dieses Attributs. Dementspre-

---

[52] Ebd., Fragment 233 (Laf. 418). S. 120/121.

chend ist dem Menschen weniger fremd, womit er selbst täglich umgeht – göttliche und menschliche *Gerechtigkeit* sind einander näher als göttliche und menschliche *Barmherzigkeit*.

In Hinblick auf die ›Wette‹ ist die hier diskutierte Passage des Fragments 233 vor allem für die spätere Frage nach der Relation von Einsatz und Gewinn wichtig: PASCAL greift die Beziehung von Endlichkeit und Unendlichkeit in einem Kontext wieder auf, in dem es um die Darstellung der *Nichtigkeit des endlichen Einsatzes im Verhältnis zur Unendlichkeit des möglichen Gewinns* in der ›Wette‹ geht. Die Diskussion um die göttliche Gerechtigkeit und Barmherzigkeit sowie ihre relative Größe zum menschlichen Pendant haben hier – hauptsächlich – Beispielfunktion; zentral geht es um die Erläuterung der Regel von der Nichtigkeit des Endlichen angesichts des Unendlichen.

2.3 Dasein und Wesen des Endlichen und Unendlichen

„Wir wissen, daß es ein Unendliches gibt, aber wir sind unwissend über sein Wesen; da wir etwa wissen, daß es falsch ist, daß die Zahlen endlich sind, ist es folglich wahr, daß es ein Unendliches der Zahl gibt, aber wir wissen nicht, was dies ist. Es ist falsch, daß sie gerade ist, es ist falsch, daß sie ungerade ist, denn sie ändert sich nicht, wenn wir die eins hinzufügen; trotzdem ist sie eine Zahl, und jede Zahl ist gerade oder ungerade. Was natürlich nur für endliche Zahlen gilt.
Also kann man sehr wohl begreifen, daß es einen Gott gibt, ohne zu wissen, was er ist.
Gibt es dann keinerlei wesenhafte Wahrheit, wenn wir so viele wahre Dinge sehen, die keineswegs Die Wahrheit selbst sind?"[53]

Im Anschluß an die vorhergehende Diskussion der Beziehung von Unendlichkeit und Endlichkeit kommt PASCAL nun zu der Frage nach dem *Wesen* oder der *Natur* des Unendlichen – eine Frage, die er als für den Menschen nicht beantwortbar erachtet. So beweist der Mensch zum Beispiel die Unendlichkeit der Reihe der Zahlen, indem er das genaue Gegenteil, nämlich die Endlichkeit der Reihe der Zahlen, als falsch aufzeigt; einzig ein indirekter Beweis ist möglich, da die unendliche Zahl als greifbare, benennbare Ziffer nicht existiert. Eine Untersuchung, ob es sich bei der unendlichen Zahl um eine gerade oder ungerade Ziffer handele, ist sinnlos – und nicht etwa, weil der Mensch mit seinen beschränkten Mitteln diese Zahl nicht generieren kann, sondern deshalb, *weil es das Wesen des Unendlichen ist, ungreifbar zu sein*. Die Reihe der Zahlen ist unendlich, weil es keinen Endpunkt in ihrer Reihe

---

[53] Ebd., Fragment 233 (Laf. 418). S. 121.

gibt – und wenn kein Endpunkt existiert, kann auch die unendliche Zahl niemals gefunden werden, da jeder Zahl wiederum eine unendliche Anzahl von Zahlen nachfolgt. Trotz dieser Ungreifbarkeit des *Wesens* des Unendlichen gilt seine Existenz, sein *Dasein* als gesichert: Weil die Zahlen nicht endlich sein können, müssen sie unendlich sein.

Reine Annahmen und negative bzw. indirekte Beweise reichen dem Menschen also aus, um die Existenz eines Sachverhalts zu begreifen; der Mensch nimmt die Existenz von Dingen an, deren letzte Wahrheit, deren wahres Wesen er nicht bzw. niemals völlig erfassen kann. Dieses Schema überträgt PASCAL im vorletzten Satz des obigen Abschnitts auf den *Glauben an Gott:* Sein Wesen ist – ähnlich dem der unendlichen Reihe der Zahlen – unendlich und unbegreifbar. Wenn man nun unter den eben beschriebenen eingeschränkten Bedingungen die Existenz der unendlichen Reihe der Zahlen begreift, kann man unter denselben Bedingungen auch die Existenz Gottes begreifen, kann man von seiner Existenz ausgehen, ohne sein wahres Wesen zu kennen und ohne einen direkten Beweis für seine Existenz erbringen zu können. – Die Diskussion um die ›Unendlichkeit der Zahl‹ führt PASCAL somit hauptsächlich, um auf das seiner Meinung nach ähnlich gelagerte Thema des Glaubens an Gott bzw. des Begreifens der Existenz Gottes zu kommen: Auch seine Existenz kann nicht bewiesen werden, auch sein wahres Wesen offenbart sich nicht – was aber für den Glauben an Gott und an die Existenz Gottes kein Hindernis ist.

In diesem Zusammenhang sollte darauf hingewiesen werden, daß die Methode des negativen Beweises nicht nur in den *»Pensées«,* im Kontext der Frage nach der Existenz Gottes auftaucht, sondern daß PASCAL dieser Methodik schon in seiner Schrift *»De l'esprit géométrique et de l'art de persuader«* eine wichtige Rolle zuspricht: „Deshalb muß man stets, sobald ein Satz unbegreifbar ist, das Urteil aussetzen, und man darf ihn deswegen nicht leugnen, sondern man muß das Gegenteil prüfen. Findet man, daß die gegenteilige Aussage offenbar falsch ist, so kann man kühn den ersten Satz behaupten, so unbegreifbar er auch immer sein mag."[54] In der Methodenschrift wird diese Regel anhand der Frage nach der Teilbarkeit von Raumstrecken vorgestellt, im Fragment 233 wird sie auf die unendliche Reihe der Zahlen und schließlich auf den unendlichen Gott angewandt – die eingesetzte Methodik besitzt somit eine fundierte theoretische Grundlage.

---

[54] PASCAL: *Vom geometrischen Geist und von der Kunst zu überzeugen.* [1658] In: *Die Kunst zu überzeugen.* Hrsg. von E. Wasmuth. Heidelberg ³1963. S. 71.

2. Analyse des Fragments 233

In obigem Abschnitt deutet sich eine Unterscheidung an, die erst später deutlich ausgesprochen wird: PASCAL differenziert zwischen dem ›Dasein‹ und dem ›Wesen‹ eines Sachverhalts („Wir wissen, daß es ein Unendliches gibt, aber wir sind unwissend über sein Wesen."). So weiß man vom Dasein der unendlichen Reihe der Zahl, ohne ihr Wesen zu kennen – der Begriff ›Dasein‹ betrifft also die reine Existenz, wohingegen das ›Wesen‹ mehr, nämlich das *Wie* der Existenz beinhaltet. Eng mit dieser traditionellen Differenzierung hängt zusammen, daß PASCAL zwischen ›wahr‹ und ›der Wahrheit selbst‹ unterscheidet: Die Tatsache, daß die Zahlen nicht endlich sind, ist *wahr*, aber keinesfalls *die Wahrheit selbst* – diese bestünde in der bewiesenen Erkenntnis der Unendlichkeit der Zahl. ›Dasein‹ ist also mit dem Begriff ›wahr‹ verknüpft, ist ein Urteil über die bewiesene Realität eines Sachverhalts. Das ›Wesen‹ wird dagegen mit dem Terminus ›die Wahrheit selbst‹ verbunden: Über das reine Dasein hinaus beinhaltet das Wesen die Art des Seins. Wie auch die Wahrheit selbst ist es unbegreifbar und unbeweisbar, die wesenhafte Wahrheit entzieht sich dem Menschen – sowohl in Hinblick auf die unendliche Reihe der Zahlen als auch in Bezug auf Gott. Das Vorhandensein von unbeweisbarer ›wesenhafter Wahrheit‹ leitet PASCAL aus dem Vorhandensein der wahren Dinge ab: Diese sind dem Menschen nicht vollständig bekannt, ein Teil ihres Seins entzieht sich seinem Wissen – und dieser fehlende Teil bildet die wesenhafte Wahrheit. Wie zentral der Begriff der Wahrheit in PASCALS Augen ist, verdeutlicht der folgende Auszug aus dem Fragment 949 (Laf. 974): „Die Wahrheit ist [...] die erste Richtschnur und das letzte Ziel der Dinge."[55]

In die Differenzierung von ›Dasein‹ und ›Wesen‹ spielt auch die Unterscheidung von Endlichkeit und Unendlichkeit hinein – wie der folgende Abschnitt verdeutlicht:

> „Nun, wir kennen das Dasein und das Wesen des Endlichen, weil wir wie dieses endlich und ausgedehnt sind. Wir kennen das Dasein des Unendlichen, aber wir wissen nicht, was es ist, weil es ausgedehnt ist wie wir, aber keine Grenzen hat wie wir."[56]

Der Mensch findet die Mittel, die er zur Beurteilung des Daseins und des Wesens braucht, in den durch Gewohnheit etablierten Prinzipien Raum, Zeit und Zahl – so kann er etwa das *Dasein* des Endlichen bestimmen, weil es – wie er selbst – meßbar ausgedehnt ist. Auch das *Wesen* der Endlichkeit, nämlich das Endlich-sein, ist für

---

[55] PASCAL: *Pensées.* [1670] Hrsg. von E. Wasmuth. ⁷1972. Fragment 949 (Laf. 974). S. 443.
[56] Ebd., Fragment 233 (Laf. 418). S. 121.

den Menschen erklärbar, da er es mittels Raum, Zeit und Zahl als begrenzt und meßbar erkennen kann – etwas ist endlich, wenn man es vollständig beschreiben kann. Das *Dasein* der Unendlichkeit ist ebenfalls einsichtig, da es wiederum als ausgedehnt bezeichnet werden kann; das *Wesen* der Unendlichkeit dagegen bleibt dem Menschen verschlossen, es ist nicht mit Raum-, Zeit- oder Zahlkategorien beschreibbar.

Bezugspunkt der Einschätzung von ›Dasein‹ und ›Wesen‹ ist immer der Mensch bzw. das menschliche Dasein und Wesen: Nach PASCAL ist der Mensch nicht fähig, das Wesen des Unendlichen zu erkennen, weil es von seiner eigenen ausgedehnten, aber endlichen Natur verschieden ist – dem Menschen erschließt sich nur das, was Anteil an der Beschaffenheit seiner eigenen Natur hat; wesensmäßig Fremdes kann er nicht verstehen.

2.4 Dasein und Wesen Gottes

> „Aber wir kennen weder das Dasein noch das Wesen Gottes, weil er weder Ausdehnung noch Grenzen hat.
> Durch den Glauben aber wissen wir von seinem Dasein; und in der Seligkeit werden wir sein Wesen kennen. Nun, ich zeigte bereits, daß man sehr wohl das Dasein eines Dinges kennen könne, ohne sein Wesen zu kennen."[57]

Nach der Diskussion von Dasein und Wesen des Endlichen und Unendlichen im vorherigen Abschnitt bezieht PASCAL nun *Gott* in die Diskussion mit ein. Aus den bisher betrachteten Abschnitten des Fragments 233 wurde deutlich, daß PASCAL Gott vor allem mit dem Element der *Unendlichkeit* verbindet, auch im ersten Satz des obigen Abschnitts deutet sich diese Sicht an: Gott besitzt weder Ausdehnung noch Grenzen. Von Unendlichem kann man laut dem vorherigen Abschnitt zwar nicht das *Wesen,* immerhin aber das *Dasein* aussagen – diese Möglichkeit existiert jedoch in Bezug auf Gott nicht, er entzieht sich gänzlich der Erkenntnis des Menschen. In der Einschätzung von Dasein und Wesen ist Gott also ein ›Sonderfall‹; nicht einmal der bescheidene Ansatz, eine wahre Aussage über sein Dasein machen zu wollen, kann erfolgreich sein.

Soweit der *erste* Satz des obigen Abschnitts. Im *zweiten* sagt PASCAL dann, Glauben führe zum Wissen um das Dasein Gottes – wie stimmt dies mit der Aussage zusammen, Gottes Dasein sei für den Menschen nicht erkennbar? Vielleicht liegt die Antwort in einer implizit im Text verborgenen Unterscheidung: Wenn PASCAL die Möglichkeit, um das Dasein Gottes zu wissen, mit dem Hinweis auf seine feh-

---

[57] Ebd.

lende Ausdehnung und seine fehlenden Grenzen bestreitet, meint er eine *andere Art der Erkenntnis*, als wenn er vom Wissen um das Dasein Gottes durch Glauben spricht.

Die erste Erkenntnisart, welche auf die nicht vorhandene göttliche Ausdehnung referiert, ist ähnlich der, die PASCAL in seiner Methodenschrift *»De l'esprit géométrique et de l'art de persuader«* thematisiert, sie bedient sich wissenschaftlicher Methoden und führt dementsprechend zu wissenschaftlicher bzw. philosophischer Erkenntnis. Mit diesem Ansatz kommt man jedoch zu keiner Aussage über Gottes Dasein, mit Messungen, Regeln und Beweisen richtet der Mensch hier nichts aus. Die unendliche Reihe der Zahlen mag dieser wissenschaftlichen Methodik zugänglich sein – Gott, der nicht einmal eine nachweisbare Ausdehnung besitzt, ist es nicht. Die Nutzlosigkeit wissenschaftlicher Erkenntnis in Bezug auf Gott thematisiert der erste Satz des obigen Abschnitts, der auf die fehlende Ausdehnung Gottes und damit auf die *fehlenden Ansatzpunkte* für eine wissenschaftliche Betrachtung verweist.

Trotz des Versagens der wissenschaftlichen Methode am ›Gegenstand Gott‹ gibt es Menschen, die um sein Dasein wissen; dieses Wissen ist jedoch nicht Resultat irgendeiner Art von Forschung, sondern entstammt ihrem *Glauben*. Glauben und Wissenschaft sind nun so weit von einander entfernt, daß ich an dieser Stelle unbedingt vermeiden möchte, vom Glauben als von einer zweiten ›Methode‹ oder ›Erkenntnisart‹ im Gegensatz zur wissenschaftlichen zu sprechen: Glauben hat – zumindest in diesem Kontext – nichts mit wissenschaftlichem, also per definitionem zielgerichtetem, methodischem und vor allem theoretischem Forschen gemein; ihm liegt keine pragmatische Theorie oder Strategie zugrunde, wie dies bei der Wissenschaft der Fall ist. Vielmehr scheint das Wissen um das Dasein Gottes mit dem Glauben automatisch einher zu gehen – *Glauben beinhaltet das Wissen um das Dasein Gottes, nach dem die Wissenschaft strebt, ist selbst aber kein Weg oder Mittel, um zu diesem Wissen zu gelangen.*

Bereits an diesem frühen Punkt kann man eine erste These zur Intention der ›Wette‹ ableiten: Wenn PASCAL betont, daß wissenschaftliche Verfahren an Gott versagen, weil ihre Methoden dem Gegenstand der Betrachtung nicht entsprechen, wenn also mit Hilfe von ›geometrischen‹ Prinzipien keinerlei gesicherte oder wahre Aussagen über die Existenz Gottes gemacht werden können, kann es sich bei der ›Wette‹ unmöglich um einen *Gottesbeweis* handeln. Gottesbeweise bedienen sich der Wissenschaft und der Philosophie, um die göttliche Existenz zu beweisen; wenn PASCAL die Anwendbarkeit von Wissenschaft auf Gott negiert, negiert er auch die *praktische Durchführbarkeit* des Gottesbeweises. Die Intention des Fragments 233 kann somit nicht darin liegen, Wissen um die Existenz Gottes zu erzeugen, vielmehr ist Wissen um das Dasein Gottes in der ›Wette‹ von völlig untergeordneter Bedeutung – mehr noch: Die ›Wette‹ basiert auf der Annahme, daß die Existenz Gottes nicht beweisbar ist; die wissenschaftliche und philosophische Unbegreifbarkeit des Daseins Gottes ist ihre wichtigste Voraussetzung. Natürlich findet Wissenschaft – vor allem in Form von Wahrscheinlichkeitsrechnung und Entscheidungstheorie – in PASCALS ›Wette‹ letztlich doch ihre Anwendung; *Gegenstand der Argumentation ist jedoch nicht die theoretische Frage nach der göttlichen Existenz, sondern die pragmatische Frage, ob es nützlich sei, die unbewiesene Existenz Gottes anzunehmen.* Was PASCAL hier als nutzlos ablehnt, ist die nach Existenzbeweisen fragende Wissenschaft, die theoretische Vernunft des Menschen. – Auf die Frage, ob in der ›Wette‹ eine Beweisintention enthalten ist, soll im Kapitel 3.2 noch ausführlicher eingegangen werden; ein erster Hinweis, daß dem nicht so ist, konnte bereits hier abgeleitet werden.

2.5 Pascals Gottesbegriff

„Sprechen wir nunmehr in der Art der Einsichten, die unserer Natur möglich sind.
Wenn es einen Gott gibt, ist er unendlich unbegreifbar; da er weder Teile noch Grenzen hat, besteht zwischen ihm und uns keine Gemeinsamkeit. Also sind wir unfähig zu wissen, was er ist, noch ob er ist. Und wer würde, da das so ist, wagen, diese Frage lösen zu wollen? Wir, die wir keine Gemeinsamkeit mit ihm haben, jedenfalls nicht."[58]

In diesem Absatz greift PASCAL nochmals auf, was sich im vorhergehenden schon andeutete: Dem Menschen ist keine wissenschaftliche Erkenntnis über Gott möglich. Mit Hilfe der durch Gewohnheit etablierten Prinzipien kann der Mensch nicht sagen, ob es einen Gott gibt, auch eine nähere Bestimmung seiner Eigenschaften ist unmöglich. Dasein und Wesen Gottes entziehen sich dem menschlichen Urteil, da Gott und Mensch keinerlei Gemeinsamkeiten verbinden.

Diese fehlende Möglichkeit des Menschen, die göttlichen Eigenschaften zu beschreiben, ist jedoch selbst ein Hinweis auf die Beschaffenheit Gottes: Er kann mit den Menschen keinerlei Gemeinsamkeiten haben, denn sonst könnten die Menschen ihn sich – zumindest hinsichtlich einzelner Elemente – erklären. Wo der Mensch endlich ist, muß Gott unendlich sein, wo der Mensch Ausdehnung besitzt, darf Gott keine besitzen usw. Gott entzieht sich so vollständig dem menschlichen Urteil, da ihm nichts in der menschlichen Realität entspricht; sein Dasein und Wesen sind von einer dem Menschen völlig unbekannten und unbegreifbaren Art. – PASCALS *Gottesbegriff* entsteht somit vor allem durch die Abgrenzung von menschlichem und göttlichem Dasein und Wesen, seine wichtigsten Elemente sind die fol-

---

[58] Ebd., Fragment 233 (Laf. 418). S. 121/122.

genden: Gott ist unendlich, hat keine Teile, keine Ausdehnung und keine Grenzen; dadurch ist er grundsätzlich vom Dasein des Menschen verschieden und entzieht sich der menschlichen Erkenntnis.

Wie später noch deutlich werden wird, referiert die gesamte Struktur der ›Wette‹ auf diesen Gottesbegriff: Sie reflektiert das Unwissen des Menschen in Bezug auf Gott und benutzt die daraus resultierende Unsicherheit, um die Frage nach dem *Glauben* an den ähnlich gelagerten Fall des *Glücksspiels* anzuschließen. Auch beim Spiel muß der Mensch sich für eine der sich bietenden Möglichkeiten entscheiden, ohne daß das Ergebnis vorweggenommen werden kann; auch beim Spiel kann mit dem Einsatz der Vernunft eine Wahrscheinlichkeit, nie aber die Wahrheit bestimmt werden. Die mit Hilfe der Vernunft erreichbaren Resultate sind in beiden Fällen denkbar gering. Wenn PASCAL in den einleitenden Abschnitten des Fragments 233 seinen Gottesbegriff einführt, geschieht dies also in Hinblick auf die spätere Struktur der ›Wette‹: Der Gottesbegriff bedingt die Art und Weise, wie der Mensch sich Gott nähern kann, und PASCALS Gott entzieht sich der wissenschaftlichen Erkenntnis. Lediglich Wahrscheinlichkeitskalküle sind möglich und ein solches entwirft PASCAL in seiner ›Wette‹. – Natürlich ist die Annäherung der Frage nach dem Gottesglauben an das Glücksspiel auch ein literarischer Kunstgriff, mit dem PASCAL das Interesse seines Adressaten – des ›honnête homme‹ – zu gewinnen glaubt; daneben hat wahrscheinlich aber auch der unbestimmte Gottesbegriff des Menschen zur Anwendung der Wahrscheinlichkeitsrechnung bzw. des Glücksspiels Münzwurf auf dieses Problem beigetragen.

2.6 Dummheit und Weisheit

„Wer also wird die Christen tadeln, wenn sie keinen Beweis ihres Glaubens erbringen können, sie, die einen Glauben bekennen, den sie nicht beweisen können? Sie erklären, wenn sie ihn der Welt darlegen, daß er ein Ärgernis der Vernunft sei, stultitiam; und da beklagen Sie sich darüber, daß sie ihn nicht beweisen! Bewiesen sie ihn, so hielten sie nicht Wort: grade da ihnen Beweise fehlen, fehlt ihnen nicht der Sinn."[59]

Im ersten Satz dieses Abschnitts kommt PASCAL auf ein Problem zu sprechen, welches sich aus der Unmöglichkeit der wissenschaftlichen Gotteserkenntnis für den Menschen ableitet: Die Gläubigen vermögen ihren Glauben nicht rational zu begründen. Der Grund für dieses Unvermögen liegt im PASCAL'schen Gottesbegriff: Gott entzieht sich der menschlichen Erkenntnis – die Christen glauben somit an

---

[59] Ebd., Fragment 233 (Laf. 418). S. 122.

ein Wesen, das weder hinsichtlich seiner reinen Existenz noch hinsichtlich seiner Eigenschaften bewiesen werden kann. Die Unbeweisbarkeit Gottes überträgt sich auf die Unbegründbarkeit des Glaubens; wenn der Gegenstand des Glaubens unbegründbar ist, gilt dies ebenso für den Glauben selbst. Weil jedoch die Wissenschaft am ›Gegenstand Gott‹ versagt und die dem Menschen zur Verfügung stehenden Mittel der Erkenntnis damit erschöpft sind, kann man die Christen nicht *tadeln*: Sie glauben *schuldlos* unbegründet, weil der Gegenstand ihres Glaubens für den Menschen nicht begründbar ist; die Unbegründbarkeit des Glaubens leitet sich also unmittelbar aus dem zuvor von PASCAL formulierten Gottesbegriff ab. Die Unbegründbarkeit des Glaubens ist jedoch ein Problem, daß sich erst stellt, wenn der Mensch seinen Glauben erklären, oder, wie PASCAL sagt, *vor der Welt darlegen muß* – nur außerhalb des Glaubens wird nach rationaler Begründung verlangt, für den Gläubigen selbst stellt sich dieses Problem nicht.

Als problematisch bzw. nur schwer verständlich erscheint der zweite Satz des obigen Abschnitts: PASCAL legt hier dar, daß die Christen ihren Glauben als *Ärgernis der Vernunft*, ja mehr noch, als *Dummheit* bezeichneten, wenn sie ihn der Welt darlegen sollen. Einen mit wissenschaftlichen Methoden nicht begründbaren Glauben an ein unbeschreibbares Wesen erklären zu müssen, kann man sicher als *Ärgernis der Vernunft* auffassen – schlicht, weil er sich der Vernunft entzieht. Die Verwendung des Begriffs *stultitia* in diesem Zusammenhang erscheint jedoch befremdlich und bedarf der Erklärung, ist ›Dummheit‹ im allgemeinen Sprachgebrauch doch ein negativ besetzter Begriff, der mit ›Beschränktheit‹ oder auch ›Torheit‹ umschrieben werden kann.

In der französischen Ausgabe der *»Pensées«* von BRUNSCHVICG findet sich der Hinweis, PASCAL referiere mit dem Begriff der *stultitia* auf die Bibel, genauer: auf das 1. Kapitel des 1. Korintherbriefs[60]. Dort findet sich der Begriff der *stultitia* in einem Kontext, der den negativen Beigeschmack dieses Begriffs ins Gegenteil verkehrt, ist die *stultitia* dort doch ein göttliches Offenbarungsmittel: „Denn weil die Welt, umgeben von der Weisheit Gottes, Gott durch ihre Weisheit nicht erkannte, gefiel es Gott wohl, durch die Torheit der Predigt selig zu machen, die daran glauben." (1. Korinther 1, 21) In diesem Satz findet sich wieder, was PASCAL im Fragment 233 bereits darlegte: Die menschliche Weisheit (oder Wissenschaft) vermag es nicht, Gott zu erkennen; das endliche menschliche Erkenntnisvermögen scheitert an der göttlichen Unendlichkeit und Unbegreifbarkeit. Die *Torheit* dagegen wird zur göttlichen Äußerungsform und zur Stufe höchster, göttlicher Einsicht: Gott spricht

---

[60] *Œuvres de Blaise Pascal*. Hrsg. von L. Brunschvicg. Band XIII. [1904] Vaduz 1965. Vgl. S. 145, Anm. 3.

töricht und bleibt daher dem weltlichen Weisen verborgen, dem mit dem Glauben auch das Mittel fehlt, um die wahre Weisheit hinter der törichten Rede zu erkennen. Torheit ist jedoch nicht nur göttliches sprachliches Mittel: „[...] was töricht ist vor der Welt, das hat Gott erwählt, damit er die Weisen zuschanden mache [...]"(1. Korinther 1, 27); „Das Wort vom Kreuz ist eine Torheit denen, die verloren werden, uns aber, die wir selig werden, ist's eine Gotteskraft" (1. Korinther 1, 18). Torheit ist Anzeichen des Auserwählt-seins; was die weltlichen Menschen als töricht abwerten, ist für Gott ein Status besonderer Einsicht und für die Gläubigen göttliche Kraft. Die im gängigen Sprachgebrauch negativ besetzte Torheit gewinnt in PASCALS ›Wette‹ unter Beachtung dieser Zitate eine ganz andere, neue Bedeutung: Glauben ist nur für die Welt und die weltlichen Weisen *stultitia*, nicht aber für die Gläubigen und für Gott – sie verbinden mit der Torheit göttliche Weisheit und das Versprechen der Seligkeit.

Der Begriff ›Dummheit‹ taucht in der ›Wette‹ an späterer Stelle nochmals auf, wenn PASCAL dem fiktiven Atheisten verspricht, durch Gewohnheit werde man *gläubig und dumm*. Diese Ankündigung erscheint jetzt in anderem Licht, ist Dummheit in Wirklichkeit doch höchste Einsicht.

2.7 Überleitung zur ›Wette‹

„'Zugegeben, das mag die entschuldigen, die ihn derart lehren, und sie von dem Vorwurf entlasten, keine Gründe aufzuführen, es entschuldigt nicht die, die ihn ohne Beweise annehmen.'"[61]

Nachdem PASCAL im vorhergehenden Abschnitt den fiktiven Gesprächspartner der *»Pensées«* in diesem Fragment 233 erstmals direkt in die Argumentation einbezog („... da beklagen *Sie* sich ..."), meldet sich der Skeptiker hier das erste Mal selbst zu Wort. Wie immer, wenn dieser Gesprächspartner im Text auftaucht, ist nicht eine einzelne, konkrete Person intendiert, sondern vielmehr der Widerspruch, der von Seiten der ›honnête hommes‹, also von den ungläubigen, umfassend gebildeten und auf die Vernunft fixierten Zeitgenossen PASCALS kommen würde. *Funktional* dienen die Einwände des fiktiven Gesprächspartners meist dazu, auf der Hand liegende Einwände gegen PASCALS Ausführungen sofort anzusprechen und im Folgenden zu widerlegen – wie gleich deutlich werden wird, fungiert die obige Äußerung des Skeptikers zudem noch als Überleitung von den einführenden Erläuterungen zum Kernstück des Fragments 233, zur ›Wette‹.

---

[61] PASCAL: *Pensées*. [1670] Hrsg. von E. Wasmuth. [7]1972. Fragment 233 (Laf 418). S. 122.

Im vorhergehenden Abschnitt warf PASCAL dem Skeptiker vor, er beklage sich darüber, daß die Christen ihren Glauben nicht begründeten – auch dies ist eine Anklage, die nicht von einer bestimmten Person ausgesprochen werden muß, sondern immer im Raum steht, wenn Atheisten über Gläubige urteilen. Dieser latente Vorwurf des Skeptikers wurde von PASCAL mit dem Hinweis auf die hinter der Torheit verborgene Weisheit und die allgemeine Unbeweisbarkeit des Glaubens widerlegt; mit der obigen Äußerung akzeptiert der Skeptiker PASCALS Argument als schlüssig – jedoch nur für eine *bestimmte Gruppe von Gläubigen:* Die Unbegründbarkeit des Glaubens entschuldigt nur die, die quasi ›schon immer‹ gläubig waren – diejenigen aber, die sich erst später zum Gottesglauben *bekehrt* haben, werden durch den Hinweis auf die Unbeweisbarkeit des Glaubens in den Augen des Skeptikers nicht entschuldigt. Wenn es keinen Beweis für den Glauben oder für die Existenz Gottes gibt, ist die Bekehrung vom Atheisten zum Gläubigen irrational, eben nicht begründbar. Ohne Beweise zu glauben, erscheint dem Skeptiker also gerechtfertigt, sich aber ohne Beweise zum Glauben zu bekehren, erscheint ihm als unentschuldbar, als Torheit.

Beweise, die einen Bekehrungsgrund darstellen könnten, kann PASCAL nicht liefern, da er die Unbeweisbarkeit Gottes vertritt. Daß es aber auch ohne Beweise einen triftigen Grund für die Hinwendung zum Glauben geben kann, wird PASCAL im Folgenden zeigen; dieser Grund ist die ganz pragmatische Hoffnung auf den Gewinn der Seligkeit. Der obige Einwand des fiktiven Gesprächspartners bildet damit den Abschluß der einführenden Erläuterungen in diesem Fragment und gleichzeitig die Überleitung zum eigentlichen Kernstück, der ›Wette‹. Im Folgenden wird PASCAL zeigen, daß es neben Existenzbeweisen noch andere Gründe gibt, die eine Hinwendung zum Glauben bedingen können. Alle in der nun folgenden Argumentation nötigen Faktoren wurden bereits eingeführt: Die Beziehung von Endlichkeit und Unendlichkeit, die Wechselwirkung von Gewohnheit und Glauben. Die Diskussion um Dasein und Wesen dagegen hat in der ›Wette‹ selbst keine besondere Funktion, sie wurde geführt, um die Unbeweisbarkeit Gottes herauszustellen. Das Scheitern der menschlichen Weisheit und Wissenschaft am Gegenstand Gott ist eine Grundvoraussetzung der ›Wette‹ – in dem Sinne, daß die ›Wette‹ unnötig wäre, wenn Beweise gefunden werden könnten.

2.8 Bedingungen der ›Wette‹

„Prüfen wir das also, nehmen wir an: Gott ist oder er ist nicht. Wofür werden wir uns entscheiden? Die Vernunft kann hier nichts bestimmen: ein unendliches Chaos trennt uns. Am äußersten Rande dieser unendlichen Entfernung spielt man ein

Spiel, wo Kreuz oder Schrift fallen werden. Worauf wollen sie setzen. Aus Gründen der Vernunft können sie weder dies noch jenes tun, aus Gründen der Vernunft können sie weder dies noch jenes abtun. – Zeihen Sie also nicht die des Irrtums, die eine Wahl getroffen, denn hier ist nichts zu wissen.«[62]

Mit diesem Abschnitt beginnt die eigentliche ›Wette‹ und in diesem Abschnitt umschreibt PASCAL die Bedingungen, unter denen das von ihm inszenierte Glücksspiel stattfinden wird. Es ist ein Spiel, in dem der Wettende sich zwischen zwei Möglichkeiten entscheiden muß: Er kann annehmen, daß Gott existiert, oder, daß Gott nicht existiert; ganz ähnlich, wie er beim Münzwurf auf Kopf oder Zahl setzen kann. Die ›Wette‹ wird jedoch nur *einmal* eingegangen: Der Mensch entscheidet sich für eine der beiden Möglichkeiten, dann wird die Münze geworfen – eine zweite Chance gibt es nicht. Dies hängt mit dem zusammen, was PASCAL oben in Bezug auf Gott postulierte: Erst nach dem Tod erfährt der Mensch, ob Gott existiert – seine Entscheidung für oder gegen Gott muß er jedoch vor dem Tod treffen. Damit sind die groben Bedingungen der ›Wette‹ schon umschrieben: Der Mensch wählt zwischen den beiden Möglichkeiten ›Gott ist‹ und ›Gott ist nicht‹; nach dem Tod erfährt er, ob er sich für die richtige Seite entschieden hat.[63]

Die Tatsache, daß die ›Wette‹ dem Menschen nur eine einzige Chance bietet, macht die Frage, für welche der beiden Möglichkeiten man sich entscheiden soll, überaus wichtig. Zudem geht es in der ›Wette‹ – wie später noch deutlicher werden wird – bei Einsatz und Gewinn um Werte von entscheidender Bedeutung: So kann etwa der, der sich *gegen* Gott entscheidet und nach dem Tod feststellt, daß Gott doch existiert, damit rechnen, für seinen Unglauben mit Verdammung bestraft zu werden – es will also wohl überlegt sein, für welche Seite man sich entscheidet. Aus diesem Grund bringt PASCAL die *Vernunft* in die Diskussion ein – ist diese doch nicht nur für den betont rationalen ›honnête homme‹ das naheliegendste Mittel, um zwischen den beiden Möglichkeiten zu unterscheiden. Doch die Vernunft nützt dem Menschen in diesem Entscheidungsfall nichts; warum sie versagt, ergibt sich aus dem, was PASCAL einleitend hinsichtlich der menschlichen Weisheit postulierte: Mensch und Gott haben keine Gemeinsamkeiten, die menschliche Vernunft versagt am Gegenstand Gott. Daher ist die Vernunft auch hier machtlos, wo es um die Entscheidung für oder gegen Gott geht; wenn Gott sich gänzlich dem menschli-

---

[62] Ebd.
[63] Die Beschränkung in der ›Wette‹ möglichen Annahmen auf die beiden Möglichkeiten ›Gott ist‹ und ›Gott ist nicht‹ ist problematisch, sind doch durchaus noch weitere Standpunkte denkbar: So könnte es statt dem christlichen Gott einen ganz anderen Gott geben, der Christen für ihren falschen Glauben bestraft. Auf dieses und andere Probleme der ›Wette‹ soll im Kapitel 3.3 eingegangen werden.

chen Verstand entzieht, kann die Vernunft bei einer solchen Entscheidung nicht zur richtigen Lösung verhelfen. Vernunft fragt beim Gegenstand Gott immer nach Existenzbeweisen u.ä., und da es diese nicht geben kann, kann die Vernunft in der ›Wette‹ nichts ausrichten – sie operiert mit falschem Ziel, mit falscher Intention. *Mit der Disqualifizierung der Vernunft als Entscheidungshilfe geht es* PASCAL *darum, die streng wissenschaftliche Suche nach Existenzbeweisen als die falsche Methode darzustellen; die Vernunft selbst, als logisches, rationales Erfassen eines Sachverhalts wird natürlich nicht ausgeschlossen.* Ganz ohne Vernunft kann PASCAL nicht argumentieren, wohl aber ohne eine Vernunft, die allein auf Existenzfragen ausgerichtet ist. Seine Argumentation wird völlig von dieser existentiellen Ebene gelöst sein: Statt nach Existenzbeweisen wird nach Nutzen und Kosten gefragt.

Mit dem letzten Satz des obigen Abschnitts geht PASCAL explizit auf den Vorwurf ein, den der Skeptiker zuvor formulierte: Denjenigen, die sich zum Glauben haben bekehren lassen und dafür vom Skeptiker getadelt wurden, kann man keinen Irrtum vorwerfen, sind doch Dimensionen wie *Wissen* und *Irrtum* hier völlig fehl am Platz. Diejenigen, die sich nachträglich für den Glauben entschieden haben, haben dies nicht aufgrund der *Art von Vernunft* getan, die der Skeptiker anspricht, geht dieser doch davon aus, daß die Bekehrten sich trotz fehlender Beweise dem Glauben zugewandt haben. PASCAL verdeutlicht dem Skeptiker, daß diese Art von wissenschaftlicher Vernunft in der ›Wette‹ ohne jede Bedeutung ist. Fragen nach der Existenz Gottes werden keine Rolle spielen und haben auch bei der Entscheidung der Bekehrten keine Rolle gespielt.

Zudem wird man am Ende der ›Wette‹ nicht sagen können, man *wisse*, welche der sich bietenden Alternativen (›Gott ist‹ oder ›Gott ist nicht‹) die beste sei – daß diese Stufe der Erkenntnis unmöglich ist, zeigt schon die Nähe der ›Wette‹ zum Glücksspiel. Hier ist es dem Wettenden unmöglich, hinsichtlich des Ergebnisses von Wissen zu sprechen; nicht *Wahrheit*, sondern immer nur *Wahrscheinlichkeit* ist möglich; nicht *Wissen*, sondern *begründete Vermutung*. – Trotz dieser unsicheren Lage wird PASCAL mit seiner ›Wette‹ natürlich versuchen, den Skeptiker zur Entscheidung für die Alternative ›Gott ist‹ zu drängen; wie später noch deutlich werden wird, stehen ihm mit der Kalkulation von Einsatz und Gewinn auch genügend zwingende Argumente zur Verfügung.

2.9 Muß man wetten?

„'Nein, aber ich werde sie tadeln, gewählt zu haben, nicht diese Wahl, sondern eine Wahl, denn mögen auch beide, der, der Kreuz wählte und der andere den gleichen

Fehler begehen, so sind doch beide im Irrtum, richtig ist überhaupt nicht auf eines zu setzen.‹
Ja, aber man muß auf eines setzen, darin ist man nicht frei, Sie sind mit im Boot."[64]

Wie PASCAL zuvor feststellte, kann der Skeptiker nicht die des Irrtums beschuldigen, die sich für diese oder jene Seite entschieden haben – kann man doch bezüglich Gott nie von begründetem Wissen und daher auch nicht von Irrtum sprechen. In *diesem* Einwand kritisiert der Skeptiker nun, daß Menschen bezüglich Gott *überhaupt eine Wahl getroffen haben:* Alle, die gewählt haben, befinden sich im Irrtum, denn dort, wo es kein gesichertes Wissen gibt, gibt es auch keine richtige Entscheidung. Und wenn es keine richtige Entscheidung gibt, sollte man am besten gar nicht wählen – die Gefahr, eine falsche Entscheidung zu treffen, ist sehr groß. – Hier wird deutlich, daß der Skeptiker PASCALS ›Wette‹ als normales Glücksspiel sieht: Wenn man dort unsicher ist oder sogar glaubt, unmöglich eine richtige Entscheidung treffen zu können, wettet man einfach nicht – dort hat man nicht nur die Wahl zwischen verschiedenen Alternativen, sondern darüber hinaus die Wahl zu wählen. Eine gewisse Nähe der ›Wette‹ zum Glücksspiel ist natürlich und offenkundig vorhanden, in diesem Punkt unterscheidet sie sich jedoch von jedem normalen Spiel: In PASCALS ›Wette‹ *muß* man spielen, *muß* man sich für eine der Alternativen entscheiden – als Mensch ist man automatisch *mit im Boot*. In Bezug auf Gott muß der Mensch zu einer Entscheidung kommen, in Bezug auf Gott existiert die Möglichkeit des Nicht-wettens nicht. Die ›Wette‹ ist damit ein Spiel, daß jeder Mensch spielen muß, die Entscheidung für eine der beiden Alternativen ›Gott existiert‹ oder ›Gott existiert nicht‹ wird zur Notwendigkeit. *Dem Menschen bietet sich die Wahl zwischen zwei Handlungsalternativen, nicht aber die Wahl zu wählen.* Mit dieser Antwort auf den Einwand seines fiktiven Gesprächspartners betont PASCAL die Notwendigkeit zu wetten, die sein Spiel von einem normalen Glücksspiel deutlich unterscheidet. Jeder Mensch muß sich entscheiden, ob er auf Gott oder gegen Gott setzt – der angesprochene Skeptiker wie auch der Leser.

PASCALS ›Wette‹ stellt sich bisher also wie folgt dar: Der Mensch muß notwendig zwischen den beiden Alternativen ›Gott ist‹ und ›Gott ist nicht‹ wählen, eine dritte Möglichkeit sowie die Ausflucht, nicht wetten zu wollen, existiert nicht. Die Entscheidung, die der Mensch in der ›Wette‹ trifft, ist unwiderruflich, er wettet nur einmal und wird erst nach seinem Tod erfahren, ob er sich für die richtige Seite entschieden hat. Wissen und nach Existenzbeweisen fragende Vernunft helfen bei der Entscheidungsfindung nicht, da sie am Gegenstand Gott nichts auszurichten

---

[64] PASCAL: *Pensées.* [1670] Hrsg. von E. Wasmuth. [7]1972. Fragment 233 (Laf. 418). S 122.

vermögen – die beiden vorhandenen Alternativen stehen daher gleichberechtigt und fast ununterscheidbar nebeneinander. Im Folgenden wird PASCAL versuchen, dem Wettenden Anhaltspunkte für seine Entscheidung zu liefern; diese betreffen dabei natürlich nicht Existenzfragen, sondern vielmehr Faktoren, wie sie in jedem anderen Glücksspiel auch für die Entscheidungsfindung herangezogen werden: Was muß man setzen, was kann man gewinnen?

2.10 Einsatz und Verlust

„Was werden Sie also wählen? Sehen wir also zu, da man wählen muß, wo Sie am wenigsten wagen? Zwei Dinge haben Sie zu verlieren: Die Wahrheit und das höchste Gut; und zwei Dinge haben Sie einzubringen: Ihre Vernunft und Ihren Willen, Ihr Wissen und Ihre Seligkeit, und zweierlei haben Sie von Natur zu meiden: den Irrtum und das Elend. Ihre Vernunft ist nicht mehr betroffen, wenn sie sich für das eine oder das andere entscheidet, da man sich mit Notwendigkeit entscheiden muß. Das ist ausgemacht, wie ist es dann mit Ihrer Seligkeit? Wägen wir Gewinn und Verlust für den Fall, daß wir auf Kreuz setzen, daß Gott ist. Schätzen wir diese beiden Möglichkeiten ab. Wenn Sie gewinnen, gewinnen Sie alles, wenn Sie verlieren, verlieren Sie nichts. Setzen Sie also, ohne zu zögern, darauf, daß er ist."[65]

Die Tatsache, *daß man wählen muß,* hat PASCAL unwiderruflich festgelegt, was bleibt, ist die Schwierigkeit, daß sich zwischen den beiden aufgezeigten Möglichkeiten nur schwer eine Entscheidung treffen läßt. Auf Existenzhinweise referierende Vernunft kann nichts ausrichten, zudem sind die beiden Alternativen durch die Nähe der ›Wette‹ zum Münzwurf *gleich* wahrscheinlich – und daraus läßt sich keine Entscheidungshilfe ableiten. In diesem Abschnitt spricht PASCAL nun das *Wagnis* an, welches der Mensch für jede der beiden Alternativen eingehen muß; die Frage nach dem Wagnis beschreibt dabei die nach der *Relation von Einsatz und Gewinn.* Man wagt dort am wenigsten, wo man am wenigsten aufs Spiel setzt und dafür möglichst viel Gewinn erhält. Da der Mensch stets nach der Alternative mit dem *geringsten* Wagnis sucht, will PASCAL im Folgenden diese Möglichkeit identifizieren und sie dann als die günstigste Alternative anbieten. *Entscheidungsgrund in der ›Wette‹ soll also die Relation von Gewinn und Einsatz sein.*

Daß man in der ›Wette‹ einen Einsatz erbringen muß und dafür einen Gewinn erwarten kann, wurde bisher nicht angesprochen, versteht sich durch die Nähe der ›Wette‹ zum klassischen Glücksspiel indes aber fast von selbst. Der Einsatz ist ebenso notwendig wie das Spiel: Wer wetten muß, muß auch einen Einsatz leisten. Im Gegensatz zum normalen Glücksspiel dreht sich PASCALS ›Wette‹ nicht um

---

[65] Ebd., Fragment 233 (Laf. 418). S. 122/123.

2. Analyse des Fragments 233

materielle Güter – wie es dem Gegenstand Gott angemessen ist, geht es um geistige Werte: *Wahrheit, Vernunft, Willen, Seligkeit, Irrtum, Elend* und das *höchste Gut* erwähnt PASCAL im obigen Abschnitt bezüglich dem zu erbringenden Einsatz und dem drohenden Verlust – die Frage nach dem Gewinn dagegen wird Gegenstand des nächsten Abschnitts sein.

Die Werte, die in der ›Wette‹ als *Einsatz* und *Verlust* eine Rolle spielen, sind identisch – eine Regel, die nicht aus dem Fragment 233 hervorgeht, sondern aus dem Kapitel »*Usage du triangle arithmétique*« der 1654 entstandenen Schrift »*Traité du triangle arithmétique*« stammt: „Pour entendre les regles des partys, la premiere chose qu'il faut considerer est que l'argent que les joüeurs ont mis au jeu ne leurs appartient plus, car ils en ont quitté la proprieté ; [...]."[66] Verlust und Einsatz sind in der ›Wette‹ also synonyme Begriffe: Was man setzt, kann man auch verlieren.

Als *Einsatz* benennt PASCAL *Vernunft, Wille, Wissen* und *Seligkeit*, zur Seite des *Verlusts* gehören dagegen die *Wahrheit* und das *höchste Gut* (›le bien‹). Der Begriff der ›Wahrheit‹ ist im Fragment 233 selbst bereits einige Male erwähnt worden und umschreibt das höchste, absolute und umfassende Wissen von den wesenhaften Eigenschaften eines Gegenstandes, vor allem aber natürlich das Wissen um das Wesen Gottes. Bisher noch nicht erwähnt wurde der Begriff ›höchstes Gut‹ – und da dieser zudem im Kontext der ›Wette‹ nicht erläutert wird, muß ein Blick in die anderen Fragmente der »*Pensées*« helfen: Im Fragment 194 (Laf. 427) sagt PASCAL, es sei unbezweifelbar, „daß in diesem Leben das Gut nur in der Hoffnung auf ein anderes Leben besteht"[67] – dieses andere Leben ist natürlich im *Jenseits* zu suchen, das höchste Gut ist somit die *Seligkeit*.

Vergleicht man die dem Verlust und die dem Einsatz zugeordneten *Werte*, so kann man sagen, daß diese die oben postulierte Beinahe-Synonymität von Verlust und Einsatz widerspiegeln. Die *Wahrheit*, die verloren wird, ist eng verwandt mit *Vernunft* und *Wissen*, die eingesetzt werden: Vernunft und Wissen dienen einzig dem Zweck der Wahrheitsfindung. Auf der anderen Seite ist das *höchste Gut* gleichbedeutend, synonym mit der *Seligkeit*, beides gehört eng zum *Willen* des Menschen: Jeder Mensch strebt nach Glück, und das höchste Glück ist die Seligkeit.

Vernunft	→ strebt nach Wissen	→ Endziel ist die Wahrheit
Willen	→ strebt nach Glück	→ Das höchste Gut/Glück des Menschen ist die Seligkeit

---

[66] PASCAL: *Traité du triangle arithmétique*. [1654]. In: *Œuvres de Blaise Pascal*. Hrsg. von L. Brunschvicg. Band III. [1908] Vaduz 1965. S. 478.

[67] PASCAL: *Pensées*. [1670] Hrsg. von E. Wasmuth. [7]1972. Fragment 194 (Laf. 427). S. 101.

Neben den Begriffspaaren zu Verlust und Einsatz findet sich in obigem Abschnitt noch ein weiteres: Meiden muß der Mensch *Irrtum* und *Elend*. Unter ›Irrtum‹ versteht PASCAL ganz ähnlich dem heutigen Verständnis dieses Begriffs die falsche Bewertung eines Sachverhalts oder das auf falschen Annahmen beruhende Verhalten eines Menschen; im Gegensatz zur Täuschung, zur Lüge u.ä. ist beim Irrtum jedoch immer die *unbewußte Unkenntnis der Wahrheit* vorauszusetzen. Im Fragment 648 (Laf. 252) benennt PASCAL Beispiele: „Zwei Irrtümer: 1. Alles wörtlich zu nehmen; 2. alles geistig zu nehmen."[68] Das ›Elend‹ ist eine Folge des Irrtums: Wer in der ›Wette‹ irrt, wer alles verliert und nichts gewinnt, ist elend – wer den Irrtum vermeidet, vermeidet auch das Elend.

Im Anschluß an die Einführung der drei Begriffspaare zu Verlust, Einsatz und den zu meidenden Dingen betont PASCAL nochmals die Nutzlosigkeit der Vernunft für den mit der ›Wette‹ gestellten Entscheidungsfall. Diese Nutzlosigkeit der Vernunft bedeutet zudem, daß die Vernunft *hier nicht betroffen ist* – sie kann in der ›Wette‹ nichts ausrichten, dafür hat die ›Wette‹ aber auch keine Auswirkungen auf die menschliche Vernunft. Für die Seligkeit gilt dieses Verhältnis nicht, sie ist von der ›Wette‹ unmittelbar betroffen und nimmt eine dementsprechend zentrale Rolle ein: In dem Fall, daß der Spieler auf ›Gott ist‹ setzt und recht hat, gewinnt er *alles* – und dieses ›alles‹ ist die Seligkeit. Setzt der Spieler auf ›Gott ist‹ und verliert, verliert er *nichts,* denn die aufs Spiel gesetzte Seligkeit ist bei der Nichtexistenz Gottes wertlos, ein nur vom Menschen erdachter, aber in Wirklichkeit nicht vorhandener Zustand. Vor dem Hintergrund dieses Verhältnisses von Einsatz und Gewinn rät PASCAL dem Spieler dann auch abschließend, er möge beruhigt darauf setzen, daß Gott existiert.

2.11 Einsatz und Gewinn

> „'Das ist wunderbar. Gewiß, ich muß setzen, aber vielleicht setze ich zuviel.'"[69]

Mit dieser Reaktion bedeutet der Skeptiker, daß ihn die zuvor dargelegte Relation von Einsatz und Gewinn noch nicht überzeugt. Auch wenn er die Notwendigkeit zu setzen nun akzeptiert, erscheint ihm der zu erbringende Einsatz zu groß, er glaubt *zu viel zu wagen* – wie stimmt das mit PASCALS Aussage zusammen, man verliere nichts, wenn man auf Gott setze? Wenn PASCAL die Nichtigkeit des Einsatzes angesichts der Chance auf den unendlichen Gewinn betont, geschieht dies aus der Sicht eines Menschen, der von der Existenz Gottes und damit auch von der Nich-

---

[68] Ebd., Fragment 648 (Laf. 252). S. 297.
[69] Ebd., Fragment 233 (Laf. 418). S. 123.

tigkeit des irdischen Lebens ausgeht. Die Perspektive des Skeptikers ist jedoch eine andere: Für ihn steht die Existenz Gottes und vor allem die Nichtigkeit des irdischen Lebens nicht fest, für ihn ist der zu erbringende Einsatz nicht automatisch nichtig – vor allem, wenn dieser (wie später noch deutlicher werden wird) in einer Ausrichtung des irdischen Lebens auf Gott, im Bemühen um Glauben und damit in einer radikalen Änderung des Lebensstils besteht.

PASCAL reagiert auf diesen Einwand des fiktiven Spielers, indem er den Gewinn ausdeutet und dadurch die Relation von Gewinn und Einsatz optimiert:

„Nun, sehen wir zu. Da die Wahrscheinlichkeit für Gewinn und Verlust gleich groß ist, könnte man den Einsatz noch wagen, wenn es nur zwei für ein Leben zu gewinnen gibt. Gibt es aber drei zu gewinnen, dann muß man, denn Sie sind ja gezwungen zu setzen, das Spiel annehmen; Sie würden unklug handeln, wenn Sie, da Sie einmal spielen müssen, Ihr Leben nicht einsetzen wollten, um es dreifach in einem Spiel zu gewinnen, wo die Chance für Gewinn und Verlust gleich groß ist. Es gibt aber eine Ewigkeit an Leben und Glück zu gewinnen; und da das so ist, würden Sie, wenn unter einer Unendlichkeit von Fällen nur ein Gewinn für Sie im Spiel läge, noch recht haben, eins gegen zwei zu setzen, und Sie würden falsch handeln, wenn Sie sich, da Sie notwendig spielen müssen, weigern wollten, wenn es unendliche und unendlich glückliche Leben zu gewinnen gibt, ein Leben für drei in einem Spiel zu wagen, wo es für Sie unter einer Unendlichkeit von Fällen einen Gewinn gibt. Es gibt aber hier unendlich viele, unendlich glückliche Leben zu gewinnen, die Wahrscheinlichkeit des Gewinns steht einer endlichen Zahl der Wahrscheinlichkeit des Verlustes gegenüber, und was sie ins Spiel einbringen, ist endlich."[70]

Zunächst wird nochmals die Gleichwahrscheinlichkeit von Gewinn und Verlust verdeutlicht: Die beiden Alternativen ›Gott ist‹ und ›Gott ist nicht‹ stehen sich mit einer jeweiligen Wahrscheinlichkeit von 50% gleichrangig gegenüber. Ebenso wird auch der Einsatz des Spielers in dieser ›Wette‹ klar angegeben: Der Mensch setzt sein irdisches Leben aufs Spiel. Nach der Bestimmung dieser feststehenden Faktoren Wahrscheinlichkeit und Einsatz diskutiert PASCAL dann den zu erwartenden Gewinn – und zwar in rhetorisch sehr geschickter Art und Weise:

PASCAL gibt zunächst einen Fall an, in dem der Spieler seinen Einsatz *doppelt* zurück erhält wenn er gewinnt; konkret bedeutet dies, daß man für sein eines irdisches Leben zwei Leben in der Seligkeit bekommt (1:2). Diese Verdoppelung des Einsatzes beinhaltet für PASCAL ein akzeptables Wagnis. Der zweite Fall, der angesprochen wird, bringt eine *Verdreifachung* des Einsatzes – hier *muß* man nach PASCAL einfach setzen; es wäre unklug, sich dieser Chance zu verschließen. Damit erreicht PASCAL bereits bei einem Verhältnis von Einsatz zu Gewinn von 1:3 einen

---

[70] Ebd., Fragment 233 (Laf. 418). S. 123/124.

Punkt, an dem er dem Spieler rät, unbedingt zu setzen und sogar einen *Zwang zu setzen* formuliert – und genau hier liegt die Raffinesse dieses Abschnitts: Wie PASCAL anschließend verdeutlicht, wird das Verhältnis von 1:3 in der ›Wette‹ um ein Vielfaches überschritten, der Einsatz wird nicht verdreifacht, sondern potenziert sich *unendlich* – und wenn schon bei 1:3 gewettet werden muß, dann gilt dieser Zwang erst recht für ein so viel besseres Ergebnis von 1:∞. Zwang und Pflicht werden mit einem Verhältnis von Gewinn und Einsatz verbunden, welches sehr viel schlechter ist als das in der ›Wette‹ realisierte – und ebenso, wie sich das Verhältnis von Gewinn und Einsatz potenziert, verstärkt sich die Notwendigkeit zu setzen.

Verhältnis Einsatz – Gewinn	Bewertung
1:2	Akzeptables Wagnis
1:3	Zwang, Pflicht zu setzen
1:∞	Unendliche Pflicht zu setzen

PASCALS Überlegung basiert auf der Annahme, daß die Möglichkeiten ›Gott ist‹ und ›Gott ist nicht‹ sich mit einer Wahrscheinlichkeit von 1:1 gegenüberstehen; dies bedeutet, daß der Wettende mit 50%iger Wahrscheinlichkeit den unendlichen Gewinn für seinen Einsatz erhält. Den Faktor der Wahrscheinlichkeit benutzt PASCAL darüber hinaus auch für eine Steigerung der Motivation, für den unendlichen Gewinn zu spielen: Der Einsatz des irdischen Lebens für ein unendliches in der Seligkeit lohnt sich nach PASCAL nicht nur bei *Gleichwahrscheinlichkeit der Möglichkeiten,* sondern selbst dann noch, wenn unter einer *unendlichen Anzahl von Möglichkeiten* nur *eine* den Gewinn des unendlichen Lebens beinhaltet. Dieses Verhältnis ist unendlich schlecht, ist die Wahrscheinlichkeit, daß die einzelne Alternative mit dem Gewinn die tatsächlich reale ist, doch unendlich gering. Dieses schlechte Chancenverhältnis benutzt PASCAL zum Aufzeigen der Bedeutung des in der ›Wette‹ wartenden Gewinns: Der Gewinn des unendlichen Lebens rechtfertigt den Einsatz selbst bei dieser schlechtesten aller Chancen – und wenn in diesem unendlich schlechten Fall noch immer die Wahl der einen Alternative mit dem unendlichen Gewinn gerechtfertigt ist, dann ist sie erst recht dort gerechtfertigt, wo es nur zwei Möglichkeiten gibt. *Der Gewinn der Unendlichkeit rechtfertigt jedes Risiko* – und in PASCALS ›Wette‹ stellt sich dieses Risiko nicht einmal.

Der obige Absatz behandelt die Frage nach dem Verhältnis von Einsatz und Gewinn auf eine rhetorisch sehr überzeugende Art und Weise. PASCAL steigert die Notwendigkeit zu setzen kontinuierlich und bedient sich dabei einer äußerst eindringlichen, weil knappen und eilig wirkenden Sprache. Zudem erreicht er den Zeitpunkt, an dem er vom absoluten Zwang und der Pflicht zu setzen spricht, an

Stellen, die weitaus ungünstiger sind als seine ›Wette‹ – der Spieler überträgt die für schlechtere Fälle ausgesprochene absolute Notwendigkeit zu setzen auf den realen Fall in der ›Wette‹ und erhält damit den Eindruck einer kaum noch zu verstärkenden, unendlichen Pflicht, auf den unendlichen Gewinn zu setzen. Und so kann der Spieler PASCAL nur zustimmen, wenn dieser die Überlegungen zu Gewinn und Einsatz wie folgt zusammenfaßt:

> „Das hebt jede Teilung auf: Überall, wo das Unendliche ist und keine unendlich große Wahrscheinlichkeit des Verlustes der des Gewinns gegenübersteht, gibt es nichts abzuwägen, muß man alles bringen. Und so, wenn man notwendig setzen muß, hieße es, auf die Vernunft verzichten, wollte man das Leben lieber bewahren, statt es so dicht vor dem Erfahren des Verlustes, des Nichts, für den unendlichen Gewinn zu wagen."[71]

Der endliche Einsatz wird vor dem unendlichen Gewinn nichtig; die Chance, die unendliche Seligkeit zu gewinnen, ist nicht unendlich klein, sondern eine von zwei Möglichkeiten – unter diesen Umständen wäre es unvernünftig, sich gegen diese Chance zu entscheiden. *Überall dort, wo lediglich eine endlich große Wahrscheinlichkeit des Verlusts vorliegt, aber etwas Unendliches als Gewinn winkt, ist jeder Einsatz gerechtfertigt; das ohnehin geringe Risiko des Verlusts wird durch die Größe des Gewinns aufgewogen.* Da man die ›Wette‹ mit Notwendigkeit eingehen muß, ist es vernünftig, auf die Existenz Gottes zu setzen – denn nur auf dieser Seite gibt es einen attraktiven Gewinn. Jeder, der nach der Identifizierung des unendlich glücklichen Lebens als Gewinn noch gegen Gott setzt, verzichtet auf die Vernunft, hat doch diese Alternative keinen vergleichbaren Anreiz zu bieten.

2.12 Gewißheit und Ungewißheit

> „Denn es ist nutzlos zu sagen, es sei ungewiß, ob man gewinnen würde, und gewiß sei, daß man wage und daß die Unendlichkeit zwischen dem, dem man sich gewiß aussetzt, und dem, was man ungewiß gewinnen wird, das endliche Gut, das man sicher einbringt, dem Unendlichen, das ungewiß sei, angleiche."[72]

Auch dieser Absatz dient noch einmal der Rechtfertigung des Verhältnisses von Einsatz und Gewinn, diesmal geht PASCAL auf zwei denkbare Einwände bzw. Ängste des Spielers ein.

Den ersten Einwand, der besagt, der Gewinn der unendlichen Seligkeit sei *ungewiß*, läßt PASCAL nicht gelten, da der unendliche Gewinn auch dann noch den Ein-

---

[71] Ebd., Fragment 233 (Laf. 418). S. 124.
[72] Ebd.

satz rechtfertigt, wenn die eine Möglichkeit des Gewinns einer unendlichen Anzahl von Verlustmöglichkeiten gegenübersteht. Durch den enormen Gewinn ist die in der ›Wette‹ realisierte Ungewißheit von 50% erträglich.

Der zweite Einwand ist komplexer und beinhaltet die unzulässige Übertragung des Faktors der Unendlichkeit auf die Entfernung von Einsatz und Gewinn: Unendlichkeit gibt in der ›Wette‹ die *Quantität des Gewinns* an und grenzt damit den unendlich großen Gewinn vom endlich kleinen Einsatz ab. Ihren Ursprung hat die Unendlichkeit in Gott; sie ist ein göttliches Attribut, ein zentrales Element des PASCAL'schen Gottesbegriffs – in der Seligkeit überträgt sich diese göttliche Eigenschaft auf den Menschen. Hinter obigem Einwand verbirgt sich die Furcht, die Unendlichkeit sei nicht nur Maß des Gewinns, sondern zudem *Maß des Abstandes zwischen Einsatz und Gewinn* – dem Wettenden erscheint der unendliche Gewinn unendlich weit entfernt; er hält den Gewinn des ewigen Lebens für unmöglich, da er die Entfernung zwischen seinem endlichen Dasein und dem unendlichen Leben selbst für unendlich und damit für unüberwindbar hält. Diese Übertragung des Maßes des Gewinns auf den Abstand zwischen Gewinn und Einsatz ist jedoch falsch:

> „Das ist nicht richtig: jeder Spieler wagt mit Gewißheit, um ungewiß zu gewinnen, und trotzdem wagt er, ohne gegen die Vernunft zu verstoßen, sicher das Endliche, um unsicher Endliches zu gewinnen. Es besteht kein unendlicher Abstand zwischen der Gewißheit dessen, dem man sich aussetzt, und der Ungewißheit des Gewinns. Das ist falsch."[73]

PASCAL benutzt das klassische Glücksspiel, um den Einwand zu widerlegen: Im Glücksspiel ist der Gewinn immer ungewiß, während der Einsatz immer gewiß aufs Spiel gesetzt wird. In einem normalen Glücksspiel wagt man *gewiß Endliches*, um *ungewiß Endliches* zu gewinnen; die Entfernung zwischen diesen beiden Polen wird dabei nie als unendlich empfunden, der Gewinn gilt als möglich und der Einsatz als vernünftig. Wenn bei einem normalen Spiel kein unendlicher Abstand zwischen Einsatz und Gewinn besteht, so ist dies auch bei der ›Wette‹ nicht der Fall: *Nur der Gewinn selbst beinhaltet den Aspekt der Unendlichkeit, nicht aber die Spielstruktur;* diese ist – bis auf den Zwang, setzen zu müssen – mit einem herkömmlichen Münzwurf identisch. Unendlichkeit ist lediglich das Maß des Gewinns, und die Eigenschaft des Gewinns hat keinen Einfluß auf die Wahrscheinlichkeit, mit der man im Spiel gewinnen kann – sie wird nicht unendlich klein, nur weil der Gewinn unendlich groß ist. Wer in einem normalen Spiel gewiß Endliches wagt, um ungewiß Endliches zu gewinnen, kann in der ›Wette‹ ebenso gewiß Endliches wagen, um ungewiß

---

[73] Ebd.

2. Analyse des Fragments 233

Unendliches zu gewinnen. – Es kann die Angst des Menschen vor der abstrakten Unendlichkeit sein, die in der ›Wette‹ Gedanken wie diesen aufkommen läßt; eine unendliche Entfernung zwischen der *Gewißheit des Einsatzes* und der *Ungewißheit des Gewinns* existiert jedoch nicht. Unendlichkeit ist eine Eigenschaft des Gewinns und als solche der große Reiz dieses Spiels.

„Es gibt in Wirklichkeit Unendlichkeit zwischen der Gewißheit zu gewinnen und der Gewißheit zu verlieren. Aber die Ungewißheit des Gewinns ist gemäß der Ziffer der Wahrscheinlichkeit für Gewinn und Verlust der Gewißheit dessen, was man wagt, angemessen; und das ist der Grund, daß, wenn die Wahrscheinlichkeit auf beiden Seiten gleich ist, das Spiel gleich gegen gleich steht; also die Gewißheit dessen, dem man sich aussetzt, ist gleich der Ungewißheit des Gewinns: weit entfernt davon, unendlich zu sein."[74]

Hier verbindet PASCAL den Begriff der ›Ungewißheit‹ mit dem der ›Angemessenheit‹ (franz.: *proportionné*) – und zeigt damit, daß die in der ›Wette‹ beinhalteten Risiken und die Chance auf Gewinn einander entsprechen. Die Angemessenheit von Gewinn und Einsatz entsteht durch die wahrscheinlichkeitstheoretische Grundlage der ›Wette‹: Die Chance zu gewinnen liegt bei 50%, die Chance zu verlieren ist ebenso groß. Daher kann die *Ungewißheit des Gewinns* ebenfalls mit 50% angegeben werden – denn die Ungewißheit des Gewinns unterscheidet sich rein mathematisch in keiner Weise von der *Chance auf Gewinn*, es liegen lediglich zwei Formulierungen für ein und denselben Sachverhalt vor. Die *Ungewißheit des Gewinns* ist auch mit der *Chance zu verlieren* identisch – generell gibt es ein Verhältnis von 50% bezüglich des potentiellen Ausgangs, unabhängig ob man dieses als *Gewißheit des Verlusts, Ungewißheit des Gewinns* etc. bezeichnet. Die Wahrscheinlichkeit ist auf der Gewinn- und Verlustseite gleich verteilt, aufgrund des möglichen Gewinns der unendlichen Seligkeit ist dieses Verhältnis angemessen bzw. durchaus akzeptabel. Die Eigenschaft des Gewinns (Unendlichkeit) kann nicht auf seine Erreichbarkeit (50%) übertragen werden, die Eigenschaften bzw. die Quantität von Gewinn und Einsatz beeinflußt diesen Aspekt der ›Wette‹ nicht. – Was bei einem normalen Glücksspiel logisch erscheint, wird in der ›Wette‹ durch die fremdartigen Einsätze und Gewinne plötzlich abstrakt. Befreit man sie von den komplexen inhaltlichen Elementen, bleibt das Gerüst eines klassischen Glücksspiels zurück – und dieses kann leicht auf Fragen nach dem Verhältnis von Gewinn und Einsatz untersucht werden.

„Und so ist unsere Darlegung, bei gleicher Chance für Gewinn und Verlust, von unendlicher Überzeugungskraft, wenn Endliches in einem Spiel zu wagen und das

---

[74] Ebd., Fragment 233 (Laf. 418). S. 124/125.

Unendliche zu gewinnen ist. – Das ist einleuchtend; und falls Menschen irgendeine Wahrheit einsehen können, diese gehört dazu."[75]

Mit dieser Beurteilung seiner eigenen Argumentation beschließt PASCAL die Darstellung des Kernstücks des Fragments 233, die Schilderung der ›Wette‹. Er spricht sich selbst unendliche Überzeugungskraft zu, seine Argumentation muß von den Menschen als Wahrheit begriffen werden – selbst, wenn sie sonst keine wirklich wesenhafte Wahrheit erfassen können.

Die PASCAL'sche ›Wette‹ sei an dieser Stelle kurz zusammengefaßt: Da es zwei mögliche, handlungsbestimmende Annahmen gibt (›Gott ist‹ und ›Gott ist nicht‹), ist jede dieser beiden Möglichkeiten mit einer Wahrscheinlichkeit von 50% wahr; die Chancen für Gewinn und Verlust sind gleich groß. Der Einsatz des Spielers besteht in seinem endlichen irdischen Leben. Setzt der Spieler *gegen* Gott, kann er leben, wie er möchte – setzt er aber *auf* Gott, muß er sich um den Glauben bemühen (dies wird gleich noch deutlicher werden). Existiert Gott tatsächlich und hat der Spieler auf Gott gesetzt, zahlt sich sein endlicher Einsatz enorm aus: Für die riskierten Jahre seines endlichen irdischen Lebens erhält er eine unendliche Anzahl von Leben im Zustand der Glückseligkeit. – Schon hier wird deutlich, daß PASCAL den Skeptiker dazu bringen will, sich *für* Gott zu entscheiden – wird doch der Fall der Nichtexistenz Gottes sowie die Entscheidung gegen Gott gar nicht erwähnt. Was diese Möglichkeiten bieten, kann man indes aus dem Kontext der ›Wette‹ ableiten: Wer *gegen* Gott setzt und damit falsch liegt, wird für seinen Unglauben mit Bestrafung rechnen müssen. Gibt es dagegen keinen Gott, erwartet den Menschen weder Bestrafung noch Belohnung: Wer sich in diesem Fall für Gott entschieden hat, hat sich umsonst um Glauben bemüht; wer sich gegen Gott entschieden hat, hat keine Verluste.

2.13 Der Weg zum Glauben

„'Zugegeben, das räume ich ein. Aber gibt es weiter kein Mittel, hinter das Spiel zu schauen?' – Doch die Schrift und das Übrige, usw.

‚Gewiß, aber meine Hände sind gefesselt, und der Mund ist stumm; man zwingt mich zu setzen, und ich bin nicht frei; man läßt mich nicht aus, und ich bin aus solchem Stoff, daß ich nicht glauben kann. Was soll ich tun?'"[76]

In diesem Abschnitt kommt der Skeptiker das erste Mal seit der umfassenden Darlegung der ›Wette‹ wieder zu Wort. Zunächst stimmt er PASCAL und seiner Beto-

---

[75] Ebd., Fragment 233 (Laf. 418). S. 125.
[76] Ebd.

nung der Schlüssigkeit der ›Wette‹ zu: Es erscheint auch dem Skeptiker lohnend, auf die Existenz Gottes zu setzen. Dennoch verbindet er mit der ›Wette‹ noch immer ein Problem, welches PASCAL bisher nicht ausdrücklich erwähnte: Der typische Wettende ist Atheist, möchte aber trotzdem die ewige Seligkeit gewinnen – wie soll das zusammenspielen? Da Unglauben nicht mit Seligkeit belohnt werden kann, besteht doch für ihn keine Aussicht auf Gewinn! Bedeutung gewinnt dieses Problem noch dadurch, daß der Ungläubige in der ›Wette‹ gefangen ist: *Er muß setzen* – und da die Annahme ›Gott ist‹ die einzig attraktive ist, diese ihm aber wegen seines Unglaubens unmöglich erscheint, verzweifelt er an PASCALS Entwurf. Wenn er auf ›Existenz‹ setzt, wird er wegen seines Unglaubens bestraft, setzt er auf ›Nichtexistenz‹, wird er für seine Ignoranz bestraft – überall wartet Verdammnis. PASCALS Antwort auf die Befürchtungen des Skeptikers ist interessant:

> „Das ist wahr (Sie können nicht glauben). Aber lernen Sie wenigstens – da Ihre Vernunft Sie bis dahin bringt –, daß Ihre Unfähigkeit zu glauben, und der Fehler, daß Sie es, trotzdem Sie davon wissen, nicht vermögen (nicht dem Mangel der Beweise, sondern Ihren Leidenschaften entstammen). Bemühen Sie sich also, sich nicht etwa durch eine Vermehrung der Gottesbeweise zu bekehren, sondern durch eine Verminderung der Leidenschaften. Sie möchten zum Glauben gelangen, und Sie kennen nicht den Weg dahin? Sie möchten vom Unglauben geheilt werden, und Sie bitten um die Arznei? Lernen Sie von denen, die in Ihrer Lage waren und die jetzt ihr ganzes Gut eingesetzt haben; das sind Menschen, die diesen Weg kennen, den Sie gehen möchten, die von dem Übel genesen sind, von dem Sie genesen möchten. Handeln Sie so, wie diese begonnen haben: nämlich alles zu tun, als ob Sie gläubig wären, Weihwasser zu benutzen und Messen lesen zu lassen usf. Ganz natürlich wird Sie das sogar glauben machen und verdummen."[77]

PASCAL attestiert dem Skeptiker eine *Unfähigkeit zu glauben* und zeigt zudem die Gründe dieser Unfähigkeit auf: Sie entspringt den *Leidenschaften* und nicht einem *Mangel an Beweisen*.

Beweise für den Glauben bzw. für die Existenz Gottes wurden in den einleitenden Abschnitten des Fragments 233 ausführlich diskutiert: Die menschliche Vernunft sucht nach Beweisen, wenn man sie mit der Gottesfrage konfrontiert, aufgrund der unendlichen Kluft zwischen Gott und Mensch kann die menschliche Vernunft mit ihrer geometrischen Beweisform jedoch am ›Gegenstand Gott‹ nichts ausrichten. Dies verdeutlicht der obige Auszug aus den *»Pensées«* wie auch das folgende Zitat aus PASCALS Methodenschrift *»De l'esprit géométrique et de l'art de persuader«*: „Ich spreche hier nicht von den göttlichen Wahrheiten […], da sie unendlich höher sind als die Natur. Gott allein vermag sie in die Seele zu legen und

---

[77] Ebd., Fragment 233 (Laf. 418). S. 125/126.

auf die Art, die ihm gefällt."[78] In obigem Abschnitt verdeutlicht PASCAL dem Skeptiker also nochmals die Nutzlosigkeit des Beweises bezüglich Gott, zeigt im gleichen Atemzug aber auch eine Lösung auf: Der Skeptiker kann sich durch eine *Verminderung der Leidenschaften* und durch *Gewohnheit* dem Glauben nähern.

Zunächst sei die *Gewohnheit* betrachtet, welche dem Leser bereits aus der zu Anfang des Fragments diskutierten Beziehung von Gewohnheit und Glauben (bezüglich der Prinzipien Raum, Zeit und Zahl) bekannt ist. „Die Gewohnheit ist unsere Natur: wer sich daran gewöhnt hat, zu glauben, glaubt, und er kann niemals mehr die Hölle nicht fürchten und anderes glauben."[79] Diese Äußerung wurde schon einmal zitiert, sie verdeutlicht wie keine zweite die von PASCAL angenommene Wechselwirkung zwischen Glauben und Gewohnheit. Wie die Seele den Glauben an den natürlichen Ursprung der Prinzipien Raum, Zeit und Zahl aus der Gewohnheit ableitet, kann sie auch den Glauben an Gott aus der Gewohnheit, d.h. der Praxis des Glaubens ableiten; die Seele kann sich an Glauben gewöhnen, ganz gleich, ob dieser den Ursprung von Prinzipien oder aber Gott zum Gegenstand hat. PASCALS ungewöhnlicher Ratschlag, durch Gewöhnung zum Glauben zu gelangen, fußt auf der zu Anfang postulierten Wechselwirkung von Gewohnheit und Glauben und ist damit in theoretischer Hinsicht abgesichert. Wer regelmäßig die Handlungen eines Gläubigen vollzieht, wer *die Messe besucht* und *Weihwasser benutzt*, wird mit der Zeit gläubig und erfüllt so eine zentrale Bedingung für den Gewinn der ewigen Seligkeit.

Im Kontext mit der gläubig machenden Gewohnheit greift PASCAL in obigem Abschnitt noch einen anderen Aspekt auf: Gewohnheit macht nicht nur gläubig, sondern auch *dumm*. Wie die Beziehung von Glauben und Gewohnheit ist die Dummheit bereits in den einleitenden Abschnitten des Fragments 233 von PASCAL diskutiert worden; durch den Hinweis auf das in dieser Äußerung versteckte Zitat aus dem 1. Korintherbrief wurde dort deutlich, daß die mit dem Glauben verbundene *stultitia* nur im Urteil der weltlichen Weisen besteht und in Wahrheit göttliche Offenbarung ist: Glauben ist nur für die Welt *stultitia*, die Gläubigen dagegen verbinden mit der Torheit göttliche Weisheit und das Versprechen der Seligkeit. PASCALS Ankündigung, durch Gewohnheit werde man dumm, bedeutet in Wahrheit also, daß der Skeptiker durch den Glauben auch eine neue, höhere Stufe der Erkenntnis erreichen wird.

---

[78] PASCAL: *Vom geometrischen Geist und von der Kunst zu überzeugen.* [1658] In: *Die Kunst zu überzeugen.* Hrsg. von E. Wasmuth. Heidelberg ³1963. S. 85.

[79] PASCAL: *Pensées.* [1670] Hrsg. von E. Wasmuth. ⁷1972. Fragment 89 (Laf. 419). S. 61.

2. Analyse des Fragments 233

Gewohnheit allein reicht jedoch nicht aus, um den Skeptiker zum Glauben zu führen – zuvor müssen die Leidenschaften vermindert werden. *Die Leidenschaften sind der Grund für die Unfähigkeit des Atheisten zu glauben; die Verminderung der Leidenschaften ist zentrale Vorbedingung für die Gewöhnung an den Glauben.* Im Fragment 233 erläutert PASCAL den Begriff ›Leidenschaften‹ nicht näher, aus den anderen Fragmenten der *»Pensées«* wird seine Bedeutung indes etwas deutlicher: So sagt PASCAL im Fragment 106 (Laf. 805): „Kennt man die wichtigste Leidenschaft eines Menschen, ist man sicher, ihm zu gefallen; [...]"[80] – eine allgemeine menschliche Leidenschaft gibt es nicht, jeder hat seinen individuellen Schwachpunkt. In Fragment 104 (Laf. 937) schreibt PASCAL den Leidenschaften eine pflichtvernachlässigende Wirkung zu: „Wenn wir etwas leidenschaftlich tun, vergessen wir unsere Pflicht."[81] Leidenschaften verhindern den Glauben sowie die Erfüllung anderer Pflichten, sie lenken den Menschen von elementaren Dingen ab und lassen ihn sich mit Nebensächlichkeiten und Neigungen befassen. Auch den Zusammenhang zwischen den Leidenschaften und der Unfähigkeit zu Glauben thematisieren die *»Pensées«* außerhalb des Fragments 233: „Ich würde gern von den Vergnügungen lassen, sagen Sie, wenn ich glauben würde. – Und ich, ich antworte Ihnen, Sie werden sofort glauben, wenn Sie die Vergnügungen aufgegeben haben."[82]

Den Weg, mit dem der Atheist zum Glauben gelangen kann, stellt PASCAL somit wie folgt dar: Der Ungläubige ist unfähig zu glauben, da seine Leidenschaften ihn vom Glauben abhalten. Vermindert er seine Leidenschaften und bemüht sich darüber hinaus durch Gewohnheit um die Praxis des Glaubens, wird er tatsächlich gläubig werden. *Die Verminderung der Leidenschaften und die Gewöhnung an die christlichen Riten sind die Arznei, mittels der sich der Atheist vom Unglauben heilen kann.*

Nach dieser Diskussion der Leidenschaften kann man nun noch genauer sagen, worin der *Einsatz* des Menschen in der ›Wette‹ besteht. Bisher wurde immer umfassend vom irdischen Leben gesprochen, unerwähnt blieb dabei, was mit diesen Jahren geschieht. Nun wird deutlich, daß der Wettende sie wie ein Gläubiger verbringen und all das tun muß, was ein wahrer Christ auch tut: Seine Leidenschaften reduzieren, an christlichen Ritualen teilnehmen und darüber hinaus so tun, als sei er tatsächlich gläubig. Das Wagnis, welches man mit der ›Wette‹ eingeht, besteht also darin, daß man bei einer Entscheidung für Gott seinen bisherigen Lebensstil ändern muß – obwohl die Möglichkeit, daß Gott existiert, nur mit einer Wahrscheinlichkeit von 50% real ist. *Der Einsatz des Wettenden besteht damit nicht in seinem irdischen*

---

[80] Ebd., Fragment 106 (Laf. 805). S. 70.
[81] Ebd., Fragment 104 (Laf. 937). S. 69.
[82] Ebd., Fragment 240 (Laf. 816). S. 129.

Leben, sondern in seinem *Lebensstil;* er muß diesen für die restlichen Jahre seines Lebens von allen Leidenschaften befreien und nach dem christlichen Glauben ausrichten.

2.14 Die Überzeugung des Skeptikers

Der Weg, den PASCAL dem Atheisten aufgezeigt hat, ist jedoch nicht dazu angetan, diesen zu freudiger Zustimmung zu bewegen; vielmehr äußert der Skeptiker ganz unverhohlen, daß er sich davor fürchtet, gläubig zu werden und die Leidenschaften gegen christliche Riten zu tauschen:

„'Das aber fürchte ich ja grade.'"[83]

Im Folgenden versucht PASCAL, dem Atheisten den Einsatz in diesem Spiel nicht mehr nur in Hinblick auf den möglichen Gewinn der unendlichen Seligkeit nach dem Tod zu schildern; statt dessen zeigt er dem Skeptiker auf, daß er auch schon im *irdischen Leben* gewinnt:

„Und weshalb, was haben Sie zu verlieren?
Um Ihnen aber zu beweisen, daß Sie dadurch dorthin gelangen, daß das die Leidenschaften mindern wird, die Ihre großen Hindernisse sind, usw. *Ende dieser Rede.* – Nun, was könnte Ihnen Schlimmes geschehen, wenn Sie diesen Entschluß fassen? Sie werden treu, rechtschaffen, demütig, dankbar, wohltätig, Freund, aufrichtig, wahrheitsliebend sein. Allerdings die verderblichen Vergnügungen, Ruhm, Genüsse werden Sie nicht haben, aber werden Sie nicht anderes dafür haben? Ich sage Ihnen, Sie werden dabei in diesem Leben gewinnen und mit jedem Schritt, den Sie auf diesem Wege tun, immer mehr die Gewißheit des Gewinnes und die Nichtigkeit des Einsatzes erkennen, so daß Sie endlich begreifen, daß Sie auf eine unendlich sichere Sache setzen und daß Sie nichts dafür gegeben haben."[84]

Der Atheist wünscht sich zwar den Gewinn des ewigen Lebens, kann aber nicht so weit aus seiner Haut, daß er sein bisheriges Leben von heute auf morgen radikal verändern könnte. Er weiß, daß er die Seligkeit nur mit einer Wahrscheinlichkeit von 50% erhält, daß er aber mit Gewißheit sein Leben, seinen gewohnten Lebensstil ändern muß, nur um auf diesen Gewinn hoffen zu können – der Einsatz seiner Freiheit, seiner bisherigen Art zu leben, erscheint ihm als zu großer Verlust. Diesen Hang des Atheisten, das irdische Leben als nach wie vor sehr wertvoll zu betrachten, greift PASCAL mit obiger Antwort auf und legt dem Atheisten dar, daß er schon in *diesem* Leben gewinnt, wenn er auf Gott setzt: Der Verzicht auf Vergnügen wie Ruhm und Genuß bedeutet gleichzeitig den Gewinn von guten Eigenschaften wie Treue, Dankbarkeit, Wahrheitsliebe und Aufrichtigkeit. Diese Qualitäten sind nicht

---

[83] Ebd., Fragment 233 (Laf. 418). S. 126.
[84] Ebd.

nur von christlichen Vorstellungen belegt, sie gelten allgemein als gute Eigenschaften eines Menschen und können vom gebildeten und kultivierten ›honnête homme‹ als erstrebenswert akzeptiert werden. Seine Vorstellung von einem freien und individuellen Leben wird nur in ganz geringem Maße eingeschränkt, der Einsatz ist noch akzeptabel. – Auch kann bei diesem Einspruch des Atheisten die von PASCAL postulierte Wechselwirkung von Glauben und Gewohnheit greifen: Der Atheist, der sich heute ein anderes, christliches Leben nicht einmal vorstellen kann, wird sich, sobald er einige Zeit nach den neuen Prinzipien gelebt hat, gar nicht mehr an sein vorheriges Leben erinnern können. Durch Gewohnheit werden ihm die christlichen Regeln zu Prinzipien, die alten geraten in Vergessenheit.

Das Verhältnis zwischen Einsatz und Gewinn stellt sich gegen Ende des Fragments 233 somit günstiger denn je dar: Zunächst war vom ›Leben‹ die Rede, welches für ein unendliches hingegeben werden muß, jetzt muß man nicht das Leben an sich, sondern nur den Teil, der nach der Entscheidung in der ›Wette‹ verbleibt, einsetzten – und in diesem verbleibenden Bruchteil des irdischen Lebens muß der Mensch lediglich gewisse Eigenschaften, nämlich die Leidenschaften, für ein ewiges Leben hingeben. Zudem wird man im Diesseits bereits mit wertvollen Qualitäten ausgestattet sein; Gewinn wartet nicht nur mit einer Wahrscheinlichkeit von 50% nach dem Tod, sondern schon im irdischen Leben. – Der Einsatz des Menschen in der ›Wette‹ erscheint letztendlich als sehr gering, oder, wie PASCAL es ausdrückt: Der Einsatz wird nichtig vor der Größe des Gewinns. Auch der Skeptiker sieht die Attraktivität von PASCALS Angebot nun ein, läßt er doch all seine Vorbehalte fallen und stimmt dieser Kalkulation geradezu freudig zu:

„'Oh, diese Rede reißt mich fort, entzückt mich usw. usw.'"[85]

Somit hat PASCAL sein Ziel erreicht: Der Skeptiker, der zu Anfang noch nicht einmal die Notwendigkeit zu wetten einsehen wollte, ist von der Argumentation restlos überzeugt. Dieser Ungläubige wird wetten und nicht einmal überlegen, ob er die Existenzseite oder die Nichtexistenzseite auswählen soll: Er wird darauf setzen, daß ein christlicher Gott existiert, und die Umstellung seines Lebens wird er als ebenso notwendigen wie geringfügigen Einsatz ansehen.

Das Fragment 233 schließt mit einigen Sätzen, in denen PASCAL seine eigene Nichtigkeit und seine Demut vor dem unendlichen Gott beschwört und dem Atheisten für seine Zukunft und seinen eigenen Nutzen eine ähnliche Unterwerfung wünscht:

„Wenn Ihnen meine Worte gefallen, stark dünken, wisset, sie schrieb ein Mensch, der vorher und nachher auf den Knien lag, um zu dem Wesen, das unendlich und

---

[85] Ebd.

ohne Teile ist, dem er alles überantwortete, zu beten, daß er auch Sie zu Ihrem eignen Nutzen und ihm zum Ruhme unterwerfen möge und daß sich so die Macht dieser Niedrigkeit verbünde."[86]

2.15 ›Unendlich – Nichts‹. Betrachtung der Überschrift des Fragments 233

Ein überaus wichtiger Teil des Fragments 233 wurde in der bisherigen Betrachtung nicht erwähnt, geschweige denn genauer untersucht: seine Überschrift. Sie lautet:

„Unendlich – Nichts."[87]

Als Einleitung des Fragments 233 weist der Titel ›Unendlich – Nichts‹ diesen Abschnitt als zu einem Thema gehörend aus, welches im Kapitel 1.2 dieser Arbeit als eines der wichtigsten der gesamten *»Pensées«* bezeichnet wurde: PASCALS Auseinandersetzung mit der Lage des Menschen in der Welt, besser: dem Elend des Menschen ohne Gott. Vor allem das Fragment 72 (Laf. 199) beschäftigt sich mit diesem Thema, dort beschreibt PASCAL den Menschen als „ein Nichts vor dem Unendlichen, ein All gegenüber dem Nichts, eine Mitte zwischen Nichts und All"[88]; er ist „gleich unfähig, das Nichts zu fassen, aus dem er gehoben, wie das Unendliche, das ihn verschlingt"[89]. – Durch die Diskussion der Unfähigkeit des endlichen Menschen, sich mittels der Vernunft den unendlichen Gott zu erschließen, knüpft das Fragment 233 an diese Beschreibung des Menschen aus dem Fragment 72 an. Beide Texte lokalisieren den Menschen in unendlicher Entfernung zu Gott und betonen die Unfähigkeit des Menschen, sich Gott mittels der Vernunft zu nähern. *Während im Fragment 72 jedoch ›nur‹ eine Beschreibung der elenden Lage des Menschen erfolgt, geht das Fragment 233 einen Schritt weiter: Mit der ›Wette‹ zeigt PASCAL dem Menschen eine Methode auf, mittels der er das Versagen der Vernunft bezüglich Gott kompensieren kann.* Diese Methode basiert auf der Unerreichbarkeit Gottes für die menschliche Vernunft, sie hat daher nicht das Ziel, dem Menschen zur Erkenntnis Gottes zu verhelfen. Dies ist eine Erkenntnisstufe, die der Mensch erst nach dem Tod erreichen kann – wenn er gläubig war und wenn Gott tatsächlich existiert. Die Methode der Gotteserkenntnis, die PASCAL mit der ›Wette‹ aufzeigt, ist der recht unwissenschaftliche Rat, sich durch Gewohnheit um Glauben an Gott zu bemühen: Gott ist die einzige Chance des Menschen, sich aus seiner elenden Situation zu befreien.

---

[86] Ebd.
[87] Ebd., Fragment 233 (Laf. 418). S. 120
[88] Ebd., Fragment 72 (Laf. 199). S. 43.
[89] Ebd.

Die Rolle, welche Gott in PASCALS Menschenbild sowie in seinem gesamten Weltbild einnimmt, wird hier besonders deutlich: Gott ist Grund und Bezugspunkt des menschlichen Seins, über seine Eigenschaften (Unendlichkeit) definieren sich die Eigenschaften des Menschen (Endlichkeit). Gott ist Ziel der menschlichen Existenz, liegt das Streben des Menschen doch allein darin, die Kluft zwischen Gott und Mensch zu überwinden. Dabei streben sowohl die Gläubigen als auch die Ungläubigen nach der Erkenntnis Gottes: Der Gläubige weiß um die Existenz sowie um die Unerreichbarkeit Gottes; er hat die durch den Glauben gegebene Gewißheit, daß er Gottes Wesen im Jenseits erkennen wird. Der Ungläubige bemüht sich ebenfalls um Gott, der für ihn eine Herausforderung an die Vernunft und an die Wissenschaft ist. Von diesen zwei ›Methoden‹ führt indes allein die des Gläubigen zur Gotteserkenntnis, die des Ungläubigen versagt wegen der Unendlichkeit und Unbegreifbarkeit Gottes. *Mit der ›Wette‹ zeigt PASCAL dem Ungläubigen, daß er durch den Glauben zur Gotteserkenntnis kommen kann, der vernünftige Grund für diese radikale Änderung seiner Geisteshaltung findet sich in der Aussicht auf den Gewinn der ewigen Seligkeit.*

2.16 Zusammenfassung

Die Betrachtung des Fragments 233 ist abgeschlossen. In diesem zusammenfassenden Kapitel soll nun versucht werden, die aus der Diskussion der ›Wette‹ abgeleiteten Ergebnisse hinsichtlich der Frage, welche *Intention* dieses Fragment besitzt, auf den Punkt zu bringen. Zuvor erscheint es jedoch sinnvoll, die Struktur der ›Wette‹ noch einmal genau darzulegen:

Mit der ›Wette‹ entwirft PASCAL ein Glücksspiel, in dem es für den Spieler *zwei Wahlmöglichkeiten* gibt: Er muß zwischen den Annahmen ›Gott ist‹ und ›Gott ist nicht‹ wählen, so wie er bei einem Münzwurf zwischen Kopf und Zahl wählt. Welche Möglichkeit den realen *Zustand der Welt* wiedergibt, ist unbekannt, deshalb müssen die möglichen Zustände ›Gott existiert‹ und ›Gott existiert nicht‹ in Frage gestellt werden; für jeden besteht eine Realitätswahrscheinlichkeit von 50%. Ordnet man die möglichen *Annahmen* und *Zustände* tabellarisch an, ergibt sich folgendes Bild:[90]

---

[90] Um die Bereiche ›Wahlmöglichkeiten‹ und ›Zustände der Welt‹ deutlich zu unterscheiden, werden zwei verschiedene Vokabeln – ›sein‹ und ›existieren‹ – gebraucht. Da die *Wahlmöglichkeit des Spielers* eher zur personalen Ebene gehört und als Meinungsäußerung (zu einer Existenzfrage) lesbar ist, wurde zu ihrer Kennzeichnung das weniger „wissenschaftlich" klingende ›Sein‹ benutzt: ›Gott ist‹ und ›Gott ist nicht‹. Die *möglichen Zustände der Welt* dagegen referieren eine existentielle Ebene und werden daher „förmlicher" mit ›Existieren‹ bezeichnet: ›Gott existiert‹ und ›Gott existiert nicht‹.

Mögliche Zustände der Welt / Wahlmöglichkeiten	Gott existiert	Gott existiert nicht
›Gott ist‹		
›Gott ist nicht‹		

Es wird deutlich, daß insgesamt *vier* verschiedene Resultate konzipiert werden müssen; der Überzeugungskraft wegen diskutiert PASCAL jedoch allein den Gewinn der ewigen Seligkeit: Wer im Zustand ›Gott existiert‹ auf ›Gott ist‹ gesetzt hat, erhält die ewige Seligkeit als Gewinn. Zu dieser Seite möchte PASCAL den Spieler drängen, ein Großteil der Argumentation in der ›Wette‹ ist daher der Ausdeutung dieses Gewinns und seinem Verhältnis zum nichtigen Einsatz vorbehalten. Wer dagegen im Zustand ›Gott existiert‹ auf ›Gott ist nicht‹ setzt, wird bestraft – diesen Fakt spricht PASCAL zwar nicht explizit an, eine andere Möglichkeit ist jedoch vor dem Hintergrund der christlichen Lehre, die Strafe für Ungläubige vorsieht, nicht denkbar. Ebenso ist die Form der Bestrafung aus der christlichen Lehre ableitbar: Die Ungläubigen erwartet die ewige Verdammnis. Schlägt man in den *»Pensées«* nach, ob – und wenn ja, wie – PASCAL diesen Begriff benutzt, findet man im Fragment 563 (Laf. 175) die Anmerkung, daß die „Verdammten verdammt werden, weil sie die christliche Religion verdammt hätten"[91]. Setzt man ›Verdammnis‹ als Strafe für Unglauben und damit als Resultat der Entscheidung ›Gott ist nicht‹ im Zustand ›Gott existiert‹ an, ist dies durchaus in PASCALS Sinne. – Im Zustand ›Gott existiert‹ gibt es somit zwei sehr entgegengesetzte Resultate: ›Seligkeit‹ und ›Verdammnis‹. Beachtet werden muß zudem der zu erbringende Einsatz: Wer sich für Gott entscheidet, muß sein Leben ab dem Zeitpunkt der Entscheidung von allen Leidenschaften befreien und der Gewöhnung an den Glauben widmen; die Wahlmöglichkeit ›Gott ist‹ ist notwendig mit dem Einsatz des irdischen Lebens verknüpft.

Im Zustand ›Gott existiert nicht‹ ähneln sich die Resultate dagegen sehr: Da es keinen Gott gibt, der belohnen oder bestraften könnte, erlischt mit dem Tod die menschliche, sowohl körperliche als auch seelische Existenz. Dennoch kann man auch für den Zustand ›Gott existiert nicht‹ zwei verschiedene Fälle unterscheiden: Wer auf ›Gott ist‹ setzt und falsch liegt, hat sein irdisches Leben an den Lehren einer Religion ausgerichtet, deren Gott nicht existiert; er hat seinen Einsatz umsonst gebracht. Etwas besser steht derjenige da, der mit seiner Annahme ›Gott ist nicht‹ recht hatte: Er gewinnt zwar ebenfalls nichts, hat dafür aber auch nichts eingesetzt.

---

[91] PASCAL: *Pensées*. [1670] Hrsg. von E. Wasmuth. [7]1972. Vgl. Fragment 563 (Laf. 175). S. 256.

Eingeordnet in obige Tabelle, ergeben die Resultate und Einsätze der ›Wette‹ folgendes Bild:

Mögliche Zustände der Welt / Wahlmöglichkeiten	Gott existiert		Gott existiert nicht	
›Gott ist‹	Einsatz:	irdisches Leben	Einsatz:	irdisches Leben
	Resultat:	ewige Seligkeit	Resultat:	Tod
›Gott ist nicht‹	Einsatz:	keiner	Einsatz:	keiner
	Resultat:	Verdammnis	Resultat:	Tod

Auf dem Hintergrund dieser Relationen rät PASCAL dem Skeptiker, auf ›Gott ist‹ zu setzen, da allein dieser Fall lohnend ist. Der Skeptiker stimmt dieser Kalkulation zu, er ist von PASCALS ›Wette‹ überzeugt und bereit, für den Lohn der Seligkeit sein irdisches Leben zu opfern.

Die Konzeption der ›Wette‹ ist das Kernstück des Fragments 233. Im Vorfeld der Schilderung dieses Spiels führt PASCAL die Begrifflichkeiten ein, auf denen die ›Wette‹ basiert – ganz, wie er es in seiner Methodenschrift *»De l'esprit géométrique et de l'art de persuader«* postuliert: Man soll niemals einen Begriff verwenden, „dessen Sinn man nicht vorher eindeutig erklärt hat, dann keinen Satz vorbringen, den man nicht aufgrund bereits bekannter Wahrheiten bewiesen hat"[92].

So werden im Vorfeld der ›Wette‹ die später wichtigen Begriffe ›Endlichkeit‹ und ›Unendlichkeit‹, ›Glauben‹ und ›Gewohnheit‹, ›Dasein‹ und ›Wesen‹ eingeführt – ihre Erklärung erfolgt allerdings nicht mittels einer Definition, sondern vielmehr über die Wechselwirkungen, die zwischen ihnen bestehen. So ist die Gegenüberstellung von Endlichem und Unendlichem für die Relation von Gewinn und Einsatz ebenso wichtig wie auch für das Versagen der menschlichen Vernunft am Gegenstand Gott. Die Beziehung von Gewohnheit und Glauben ist dagegen von Bedeutung, wenn der auf Gott wettende Atheist sich erfolgreich um Glauben bemühen will: Macht er den Glauben zur Gewohnheit, wird er tatsächlich gläubig werden. – Das Fragment 233 zeichnet sich somit durch eine stringente Konzeption aus: Alle in der ›Wette‹ verwendeten Begriffe werden vorher eingeführt und erläutert; im Kontext der eigentlichen Argumentation ist dann keine Erklärung der Terminologie mehr nötig; der Argumentationsfluß wird nicht durch Exkurse gestört.

Soweit die Struktur und die Argumentation der ›Wette‹ – eine ganz andere und ebenso wichtige Frage ist jedoch, welche *Intention* PASCAL mit diesem Fragment verfolgt, welche *Funktion* diese Einsatz-Nutzen-Kalkulation erfüllen soll. Diese

---

[92] PASCAL: *Vom geometrischen Geist und von der Kunst zu überzeugen.* [1658] In: *Die Kunst zu überzeugen.* Hrsg. von E. Wasmuth. Heidelberg ³1963. Vgl. S. 53.

Frage kann man anhand der Punkte erläutern, die PASCAL zu Anfang dieses Fragments selbst benennt: Gott entzieht sich der Erkenntnis des Menschen, dieser ist unfähig, Gottes Wesen, ja selbst seine Existenz theoretisch zu erfassen. Die Unbegreifbarkeit Gottes resultiert aus der göttlichen sowie der menschlichen Beschaffenheit: Gott ist unendlich und unbegreifbar, während der Mensch sich durch seine Begrenztheit auszeichnet – sowohl in rein physischer als auch in rationaler Hinsicht. Bezüglich ihres Daseins und Wesens sind Gott und Mensch unendlich weit entfernt, es ist unmöglich, diese Kluft mittels der Rationalität zu überwinden. – Wenn Pascal von der Unbeweisbarkeit der göttlichen Existenz ausgeht, kann seine Intention nicht im wissenschaftlichen und theoretischen Beweis der göttlichen Existenz liegen. Wenn rationale, theoretische Erkenntnisse über Gott möglich wären, wäre die ›Wette‹ überflüssig – sie füllt die Lücke aus, die die *wesenhafte Unbegreifbarkeit Gottes* auf der einen und die *wesenhafte Unfähigkeit zur Gotteserkenntnis beim Menschen* auf der anderen Seite hinterlassen.

Neben der Frage nach dem Gottesbeweises als Intention des Fragments 233 gibt es noch die Möglichkeit, daß PASCAL Atheisten zum Glauben bekehren möchte – schließlich kann man in der ›Wette‹ miterleben, wie ein Ungläubiger sich für Gott und für die Bemühung um Glauben entscheidet. Man darf jedoch nicht vergessen, daß der in den »*Pensées*« sprechende Atheist nicht mehr als eine in den Text integrierte, fiktive Person ist – auch wenn er als Typ einem realen, zeitgenössischen Personenkreis entspricht. Der Skeptiker ist ein *literarisches Element*, das mit einer ganz bestimmten Funktion in den Text aufgenommen wurde: In PASCALS »*Apologie des Christentums*«, welche per definitionem eine Verteidigungsschrift ist, fungiert der Atheist als fiktiver Prüfstein, er ist die in den Text integrierte Instanz, vor welcher PASCAL seine Verteidigung vorträgt – und als solche ein rein literarisches, stilistisches Element. Durch die Diskussion zwischen dem Atheisten und PASCAL erhält der Text eine große Unmittelbarkeit und Gegenwärtigkeit: Der Leser glaubt, bei einer Diskussion anwesend zu sein, die Argumentation entwickelt sich scheinbar in seinem Beisein. – Durch die Funktion des Skeptikers als Prüfungsinstanz für die Argumentation ist klar, welche Intention PASCAL mit der Integration dieses fiktiven Zuhörers verfolgt: Wenn der kritische Diskussionspartner durch die ›Wette‹ nicht nur von der Nützlichkeit des Glaubens überzeugt ist, sondern sich selbst um Glauben bemühen will, schreibt PASCAL seinem Entwurf damit eine absolute Überzeugungskraft zu. Vor dem Hintergrund dieser literarischen Funktion des Skeptikers ist es unwahrscheinlich, daß die ›Wette‹ allein darauf ausgerichtet ist, Atheisten zum Glauben zu bekehren – diese Intention ist natürlich möglich und kann sehr gut ein Nebeneffekt der ›Wette‹ sein; meiner Meinung nach würde sie jedoch zu kurz greifen. Wie in Kapitel 1.2.3 deutlich wurde, sind nicht nur die ›honnête hommes‹ die potentiellen Adressaten der *»Pensées«*, sondern auch die schon gläubigen Christen – und für diese wäre eine ›Wette‹ mit alleiniger Bekehrungsintention in apologetischer Hinsicht völlig uninteressant.

Die tatsächliche Intention der ›Wette‹ wird deutlich, wenn man ganz schlicht fragt, was eigentlich die Essenz der Überlegungen ist, die PASCAL hier anstellt. Läßt man den Gottesbeweis sowie die Bekehrung des Atheisten als Intention außer Acht, bleibt im Grunde nur noch die Aussage bestehen, daß der Glauben an Gott eine Investition ist, die zwar einen gewissen Einsatz fordert, die sich dafür aber nach dem Tod vielfach auszahlt. In der ›Wette‹ wird Glauben verbunden mit Nutzen, mit Gewinn und mit einem ganz pragmatischen Eigeninteresse – nämlich der Hoffnung, daß mit dem Tod die menschliche Existenz nicht erlischt, sondern auf einer anderen Ebene ewig weiter besteht. *Durch diese Verbindung mit Nutzen wird Glauben plötzlich rational begründbar. Er ist nicht länger die irrationale Annahme der Existenz eines höheren Wesens, sondern eine rational begründbare Investition für die Zukunft – in dieser Neubewertung des Gottesglaubens liegt meiner Meinung nach die Hauptintention dieses Fragments 233.* Verwendung für die von PASCAL entworfene Einsatz-Nutzen-Relation hat also hauptsächlich der gläubige Christ: Auf die Frage nach den Gründen seines Gottesglaubens muß er sich nicht länger den Vorwurf der Irrationalität gefallen lassen, statt dessen kann er auf die Nützlichkeit des Glaubens verweisen. Nach der ›Wette‹ ist Glauben rational und jederzeit zu rechtfertigen. Und von dieser Intention profitieren sowohl die schon gläubigen Christen als auch die ungläubigen ›honnête hommes‹: Die einen erhalten ein Mittel zur Verteidigung ihres Glaubens, die anderen werden davon überzeugt, daß Glauben rational und nützlich ist – vielleicht werden sie sogar dazu angeregt, sich für den Gewinn der Seligkeit zum Glauben zu bekehren.

Durch diese Intention kommt der im Fragment 233 enthaltenen ›Wette‹ in den *»Pensées«* als *»Apologie des Christentums«* eine ganz zentrale Bedeutung zu: Sie verteidigt den Glauben, sie ist das zentrale apologetische Element dieses umfassenden Werkes. Diese These wurde bereits im letzten Abschnitt des 1. Kapitels dieser Arbeit formuliert – nach der nun erfolgten Analyse des Fragments 233 erscheint sie sinnvoller denn je: Mögen auch die gesamten *»Pensées«* auf eine Verteidigung des Glaubens hinarbeiten, kommt die zentrale apologetische Funktion doch dem Fragment 233 zu: Hier wird der Glauben als rational gerechtfertigt bewiesen, hier findet sich das praktische, argumentative Mittel zur Verteidigung des Glaubens. Die anderen Fragmente der *»Pensées«* beschäftigen sich mit der elenden Lage des Menschen als Gefangenem zwischen dem All und dem Nichts oder aber mit der Ausdeutung und Diskussion von Bibelstellen – die ›Wette‹ ist das einzige Element der *»Pensées«*, welches diese beschreibende und analysierende Ebene verläßt. In der ›Wette‹ zeigt PASCAL dem Menschen einen Weg auf, mit dessen Hilfe er aus seiner Gefangenschaft ausbrechen, mit dessen Hilfe er seiner elenden Lage entfliehen und zumindest für die Zeit nach seinem Tod auf ein besseres, höheres Dasein hoffen kann. Man kann somit sagen, daß die anderen Fragmente der *»Pensées«* quasi um die ›Wette‹ herum angeordnet sind: Die Beschreibung der elenden Lage des Menschen zuvor ist die Grundlage, der Ausgangspunkt für die ›Wette‹ – die ›Wette‹ ist die Antwort auf die latente Frage des Lesers, wie der Mensch sich aus seiner elenden Lage befreien kann. Die auf die ›Wette‹ folgenden Fragmente legen dagegen die Bibel aus: Hier schaut PASCAL, im Anschluß an die ›Wette‹, ›hinter das Spiel‹ und verdeutlicht damit dem Leser, daß seine ›Wette‹, daß sein Weg zur Errettung aus der Gefangenschaft unmittelbar aus dem Wort Gottes abgeleitet und damit höchst wirksam ist.

Um den Gottesglauben gegen den Vorwurf der Irrationalität oder Dummheit zu schützen, taugt die Wissenschaft nichts, sie sucht allein nach theoretischen Existenzbeweisen, die dem Gegenstand Gott jedoch nicht entsprechen. Nutzen und Eigeninteresse dagegen sind rationale Gründe – sie entspringen allerdings nicht einer *theoretischen,* sondern vielmehr einer *praktisch* ausgerichteten Vernunft. Doch wo die theoretische Vernunft des Menschen versagt, kann die praktische sehr wohl wirken; wo das von aller Praxis losgelöste Denken zu keinem Ergebnis führt, kann eine pragmatische und handlungsorientierte Kalkulation sehr wohl helfen. Die ›Wette‹ ist praktisch ausgerichtet, weil das Theoretische an ihrem Gegenstand versagen muß. Die Frage nach der Existenz Gottes ist zweitrangig – es geht allein um die Auswirkungen der Existenz und der Nichtexistenz Gottes auf den Menschen. Der Mensch ist der wichtigste Faktor der ›Wette‹, das Fragment 233 beschäftigt sich mit dem Glauben des Menschen, seiner Rechtfertigung und Begründung; es geht um Nutzen und nicht um Wahrheit.

3 Spezielle Fragen zur ›Wette‹

Dieses Kapitel ist drei Fragen gewidmet, die im Verlauf der textimmanenten Betrachtung der ›Wette‹ im vorhergehenden Kapitel aufkamen, deren Behandlung jedoch aufgrund ihrer Komplexität aus der chronologischen Bearbeitung des Fragments 233 heraus gehalten werden sollte:

Gegen Ende der ›Wette‹ kann der Skeptiker sich nur noch dahingehend äußern, daß er von PASCALS Argumentation vollständig überzeugt sei und daß ihm die Relation von Nutzen und Einsatz der Alternative ›Gott ist‹ als sehr viel günstiger erscheine als die der Alternative ›Gott ist nicht‹. Diese Zustimmung des Atheisten ist jedoch kein Beweis dafür, daß die ›Wette‹ – besser: die logisch-mathematische Struktur der ›Wette‹ – in argumentativer Hinsicht gültig ist, sondern lediglich ein Anzeichen dafür, daß PASCAL glaubt, einen Punkt der absoluten Überzeugung erreicht zu haben. Ich möchte daher im ersten Abschnitt dieses Kapitels (3.1) die *Argumentationsstruktur* der ›Wette‹, ihr immanentes, logisches Gerüst betrachten – hinsichtlich der Frage, ob PASCALS Schluß, seine ›Wette‹ verfüge über eine ›absolute Überzeugungskraft‹, vor dem Hintergrund ihrer logischen Struktur gerechtfertigt ist. – Ähnliche Untersuchungen der argumentativen Struktur der ›Wette‹ finden sich in der Sekundärliteratur. Ich möchte die eigenständige Betrachtung der Argumentation der ›Wette‹ daher durch eine Darstellung ergänzen, die einige repräsentative Untersuchungen aus der Literatur darstellt sowie die jeweils erzielten Ergebnisse vergleicht.

Neben der logischen Gültigkeit der Argumentation wurde im Verlauf der Analyse des Fragments 233 auch die Frage angesprochen, ob es sich bei der ›Wette‹ um einen *Gottesbeweis* handele, ob also PASCAL so etwas wie eine *metaphysische Beweisintention* angestrebt habe. Dieser Problematik soll im zweiten Abschnitt dieses Kapitels nachgegangen werden (3.2), kann man sich hier doch wichtige Informationen für die Frage nach der Intention und Funktion der ›Wette‹ erwarten. Dabei soll sich das Kapitel zur Frage nach der ›Wette‹ als Gottesbeweis in drei Teile gliedern: Neben der Untersuchung der *»Pensées«* hinsichtlich PASCALS Haltung zum Gottesbeweis allgemein soll seine Auseinandersetzung mit dem Gottesbeweis des DESCARTES explizit angesprochen werden; daneben soll wiederum die in der Literatur vorherrschende Meinung zur Frage nach der ›Wette‹ als Gottesbeweis anhand einiger ausgewählter Beispiele vorgestellt werden.

Drittens und letztens soll in diesem Kapitel auf einige Kritikpunkte eingegangen werden, die man gegen die ›Wette‹ vorbringen kann (3.3). Ein Teil dieser problematischen Aspekte in PASCALS Konzeption ist in der vorhergehenden Analyse des Fragments 233 angesprochen worden – etwa die Beschränkung der möglichen Zustände der Welt auf die beiden Möglichkeiten ›Gott existiert‹ und ›Gott existiert nicht‹. Diesen Prämissen muß der Adressat zustimmen, wenn er sich auf die ›Wette‹ einläßt – und wie man sehen wird, ist dieses Sich-Einlassen auf die von PASCAL oft stillschweigend gemachten Voraussetzungen der ›Wette‹ nicht ohne weiteres möglich. – Auch dieses Kapitel wird durch einen Blick in die Sekundärliteratur ergänzt werden. Bei der Auswahl der angesprochenen Kritikpunkte aus der Literatur wurde vor allem darauf geachtet, solche Aspekte auszuwählen, die bisher noch nicht als problematisch aufgefallen sind – wie später noch deutlicher werden wird, sind dies vor allem *moralische* Einwände gegen die ›Wette‹.

3.1 Untersuchung der Argumentationsstruktur der ›Wette‹

3.1.1 Der entscheidungstheoretische Hintergrund der ›Wette‹

Die Analyse des Fragments 233 soll nun durch eine Untersuchung des *logisch-mathematischen Gerüsts* der ›Wette‹ ergänzt werden. Die textnahe Analyse ließ den Gedankengang der ›Wette‹ plausibel erscheinen – hält dieses Urteil der logisch-analytischen Rekonstruktion der Argumentation stand?

In der ›Wette‹ muß man auf die ›Existenz‹ oder die ›Nichtexistenz‹ Gottes setzen, wobei keine empirischen Beweise für oder gegen eine der beiden Alternativen vorliegen. Es geht also darum, eine Entscheidung zwischen verschiedenen, nur schwer bewertbaren Handlungsalternativen zu treffen – sucht man nach einer wissenschaftlichen Methodik, die sich dieser Art von Fragen, *Entscheidungsfragen,* annimmt, stößt man auf die *Entscheidungstheorie;* sie ermittelt auf mathematische Art und Weise die günstigste der sich bietenden Alternativen. Um sich der ›Wette‹ entscheidungstheoretisch nähern zu können, braucht es ein allgemeines Grundlagenwerk, in dem die relevanten Definitionen und Regeln zu finden sind; ich habe mich hier für HELMUT LAUX[1] *»Entscheidungstheorie«* entschieden, ein sehr aktuelles und gut verständliches Grundlagenwerk (^{4}1998).

Beschäftigt man sich näher mit der Entscheidungstheorie, wird deutlich, daß man zunächst den vorliegenden Entscheidungsfall genau hinsichtlich seiner *Bedingungen* prüfen muß. Nur so ist erkennbar, um welche *Art von Entscheidung* es sich handelt – differenziert die Entscheidungstheorie doch mehrere Typen und verschiedene Methoden, um die jeweilige Entscheidungsart zu bearbeiten. *Arten von Entscheidungen* werden gemeinhin drei unterschieden: *Entscheidungen unter Sicherheit, Entscheidungen unter Risiko* und *Entscheidungen unter Unsicherheit* – welcher gehört die ›Wette‹ an?

Eine ›Entscheidung unter Sicherheit‹ liegt dann vor, wenn der „Entscheider die Ausprägungen aller entscheidungsrelevanten Daten [...] mit Sicherheit kennt"[93]. Für die ›Wette‹ würde dies bedeuten, daß der Wettende nicht nur weiß, welche Handlung welchen *Gewinn* (›Seligkeit‹, ›Verdammnis‹ etc.) bereithält, sondern darüber hinaus auch bekannt ist, welcher der beiden *Zustände der Welt* (›Gott existiert‹ oder ›Gott existiert nicht‹) tatsächlich real ist. Doch eben dies ist unbekannt und kann auch im Leben nicht in Erfahrung gebracht werden – bei der ›Wette‹ handelt es sich also *nicht* um eine ›Entscheidung unter Sicherheit‹. – Bei einer ›Entscheidung unter Unsicherheit‹ ist dem Entscheider nicht bekannt, „zu welchem Ergebnis eine Alternative führt"[94], seine Unsicherheit resultiert also aus der Unmöglichkeit, die Konsequenzen (hier: die Gewinne) der Handlungen vorauszusagen. In der ›Wette‹ ist dieses Wissen jedoch gegeben: Die beiden einzigen Handlungsalternativen sind die Annahmen ›Gott ist‹ und ›Gott ist nicht‹, kombiniert mit den beiden möglichen Zuständen der Welt ergeben sich vier genau definierte Ergebnisse: ›Seligkeit‹, ›Verdammnis‹, ›Nichts mit Einsatz‹ und ›Nichts ohne Einsatz‹[95]. Durch die vordefinierten Handlungsergebnisse ist ausgeschlossen, daß die ›Wette‹ eine ›Entscheidung unter Unsicherheit‹ ist. – Bleibt noch die ›Entscheidung unter Risiko‹: Hier „verfügt der Entscheider [neben dem Wissen um die möglichen Handlungsalternativen und ihre Ergebnisse] über ein Wahrscheinlichkeitsurteil bezüglich der denkbaren Zustände"[96]. Diese Definition kommt der ›Wette‹ am nächsten: Man weiß um die *Gleichwahrscheinlichkeit* der beiden Zustände ›Gott existiert‹ und ›Gott existiert nicht‹, auch die *Handlungsalternativen* und ihre *Ergebnisse* sind bekannt – die ›Wette‹ ist also eine ›Entscheidung unter Risiko‹, wobei das Risiko darin besteht, daß der *reale* Zustand der Welt nicht bekannt ist, sondern lediglich seine *Existenzwahrscheinlichkeit* angegeben werden kann.

Um eine ›Entscheidung unter Risiko‹ treffen zu können, benötigt man ein *Entscheidungskriterium*, „mit dessen Hilfe die möglichen Ergebnisse der Alternativen (unter Berücksichtigung ihrer Eintrittswahrscheinlichkeiten) gegeneinander abge-

---

[93] LAUX: *Entscheidungstheorie.* Berlin/ Heidelberg/ New York [4]1998. S. 61.
[94] Ebd., S. 103.
[95] Der Fall ›Nichts *mit* Einsatz‹ umschreibt den Fall, daß der Spieler *auf* Gott setzt, damit jedoch unrecht hat: Er hat sein Leben dem Streben nach Glauben gewidmet – da Gott jedoch nicht existiert, erwartet ihn nach dem Tod das Erlöschen seiner körperlichen und seelischen Existenz, das ›Nichts‹, als „Gewinn". Der Fall ›Nichts *ohne* Einsatz‹ bezeichnet dagegen den Fall, daß der Spieler *gegen* Gott setzt und damit recht hat: Er hat keinen Einsatz bringen müssen, nach dem Tod endet er indes ebenso im ›Nichts‹.
[96] LAUX: *Entscheidungstheorie.* Berlin/ Heidelberg/ New York [4]1998. S. 119.

wogen werden können"⁹⁷. Dieses Entscheidungskriterium kann auf verschiedene Weise gewonnen werden, die richtige Methode wird durch eine noch differenziertere Typisierung des Entscheidungsfalls bestimmt. Die „prominentesten Entscheidungskriterien für Risikosituationen"⁹⁸ sind die ›μ-Regel‹, das ›(μ,σ)-Prinzip‹ und das ›Bernoulli-Prinzip‹: Die ›μ-Regel‹ wird dort angewandt, wo es um *wiederholte Wahlvorgänge* geht und die Betrachtung des *durchschnittlichen Ergebnisses* der vorhergehenden Handlungen zur Entscheidungsfindung herangezogen werden kann⁹⁹ – für die ›Wette‹, wo es um einen Einzelfall, um einen *einmaligen Wahlakt* geht, ist die ›μ-Regel‹ daher nicht geeignet. – Das ›(μ,σ)-Prinzip‹ zielt darauf ab, die *Risikofreudigkeit* oder *Risikoscheue* des Entscheidenden zu berücksichtigen. Durch diese Schwerpunktsetzung ergeben sich nach LAUX Unstimmigkeiten, wenn man das ›(μ,σ)-Prinzip‹ bei Entscheidungsfällen einsetzt, deren Handlungsalternativen *konkret definierte Nutzen* besitzen¹⁰⁰. Da in der ›Wette‹ mit eindeutigen Nutzen (›Seligkeit‹ etc.) gearbeitet wird, ist das ›(μ,σ)-Prinzip‹ hier nicht einsetzbar. – Das ›Bernoulli-Prinzip‹ schließlich ist für Entscheidungen bestimmt, bei denen die Alternative mit dem *höchsten Nutzenerwartungswert* ermittelbar ist: Dieser errechnet sich aus der Relation zwischen der *Wahrscheinlichkeit* und dem *Gewinn* einer Handlungsalternative¹⁰¹ – diese Faktoren sind in der ›Wette‹ gegeben und können zur Entscheidungsfindung herangezogen werden. – Soll die ›Wette‹ entscheidungstheoretisch untersucht werden, muß sie als ›Entscheidung unter Risiko‹ mit dem ›Bernoulli-Prinzip‹ analysiert werden, Entscheidungskriterium ist der Nutzenerwartungswert der verschiedenen Handlungsalternativen.

Ich möchte im Folgenden die ›Wette‹ mit Hilfe des ›Bernoulli-Prinzips‹ untersuchen, um so ein Urteil über ihre logische Gültigkeit abgeben zu können: Ist die Entscheidung für die Alternative ›Gott ist‹ auch in entscheidungstheoretischer Hinsicht die attraktivste, lohnendste Handlung in der ›Wette‹? Die Formeln, die dem ›Bernoulli-Prinzip‹ zugrunde liegen, habe ich sämtlich dem Grundlagenwerk von LAUX entnommen (S. 162-167). Die ›Wette‹ selbst wird in diesem Werk nicht erwähnt – die Aufgabe dieses Kapitels besteht also darin, die allgemein formulierten Regeln des ›Bernoulli-Prinzips‹ auf das spezielle Beispiel der ›Wette‹ anzuwenden.

---

[97] Ebd., S. 143.
[98] Ebd.
[99] Ebd., vgl. S. 144-153.
[100] Ebd., vgl. S. 154-161.
[101] Ebd., vgl. S. 162-167.

3. Spezielle Fragen zur »Wette«

Wie bereits gesagt, ermittelt das ›Bernoulli-Prinzip‹ die Alternative mit dem höchsten *Nutzenerwartungswert*. Der *Nutzenerwartungswert* wird auch als *Präferenzwert* bezeichnet und definiert als

$$\Phi(A_a) = \sum_{s=1}^{S} w(S_s) \cdot U(E_{as})$$

Die einzelnen Komponenten definieren sich wie folgt: ›$\Phi(A_a)$‹ steht für den ›Nutzenerwartungswert Φ einer Handlungsalternative A_a (z.B. Annahme ›Gott ist‹)‹. Da es bei Entscheidungsfragen immer *mehrere* Alternativen ›A‹ gibt, werden sie durch den Index ›a‹ unterschieden; wobei (a = 1,2,...,A). In der ›Wette‹ gibt es *zwei* Alternativen, ›a‹ kann daher eindeutig bestimmt werden:

A_a, (a = 1,2)

A_1	Annahme ›Gott ist‹
A_2	Annahme ›Gott ist nicht‹

Da das ›Bernoulli-Prinzip‹ darauf abzielt, die Handlungsalternative mit dem *größten Präferenzwert* zu ermitteln, muß man für die ›Wette‹ ›$\Phi(A_1)$‹ und ›$\Phi(A_2)$‹ berechnen und vergleichen.

›S‹ steht für die möglichen *Seinsarten* oder *Zustände*, wobei ›s‹ wiederum die *Anzahl* der Zustände angibt und als (s = 1,2,...,S) definiert ist. Bezogen auf die ›Wette‹ verbergen sich hier die Zustände der Welt ›Gott existiert‹ und ›Gott existiert nicht‹, also kann ›s‹ exakt definiert werden:

S_s, (s = 1,2)

S_1	Seinsart/Zustand ›Gott existiert‹
S_2	Seinsart/Zustand ›Gott existiert nicht‹

›E‹ bezeichnet das Ergebnis, den Effekt; ›E_{as}‹ ist das ›Ergebnis E einer Alternative a unter der Voraussetzung des Eintretens von Zustand s‹. ›E_{as}‹ ergibt sich damit aus der *Kombination* der Alternativen A_a und der Zustände S_s, für die ›Wette‹ mit ihren konkret definierten Alternativen (a = 1,2) und Zuständen (s = 1,2) ergibt sich folgendes Bild mit vier verschiedenen Ergebnissen:

	S_1	S_2
A_1	E_{11}	E_{12}
A_2	E_{21}	E_{22}

Diese *Ergebnisse* können aus der ›Wette‹ heraus genau definiert werden:

	S_1 Gott existiert	S_2 Gott existiert nicht
A_1 ›Gott ist‹	E_{11} ›Seligkeit‹	E_{12} ›Nichts mit Einsatz‹
A_2 ›Gott ist nicht‹	E_{21} ›Verdammnis‹	E_{22} ›Nichts ohne Einsatz‹

Der Nutzen ›U‹ dieser Ergebnisse (›U(E_{as})‹) steht für die Bewertung der Ergebnisse in Relation zueinander. Er muß ihre hierarchische Attraktivität wiedergeben und in mathematisch verwendbaren *Platzhaltern* ausgedrückt werden – diese adäquat auszuwählen ist nicht ganz einfach. Ich nehme daher eine Anregung von LAUX auf, der den höchsten Nutzenwert mit ›1‹, den niedrigsten mit ›0‹ angibt und ordne die anderen dazwischen ein[102]:

	S_1	S_2
A_1	$U(E_{11}) = U(\text{Seligkeit}) = 1$	$U(E_{12}) = U(\text{Nichts mit Einsatz}) = y$
A_2	$U(E_{21}) = U(\text{Verdammnis}) = 0$	$U(E_{22}) = U(\text{Nichts ohne Einsatz}) = x$

Voraussetzungen: $x<1$, $x>y$, $y>0$

Nun muß noch der Ausdruck ›w(S_s)‹ erläutert werden: Er bezeichnet die ›Wahrscheinlichkeit w des Eintreffens eines Zustandes S_s‹, wobei ($s = 1,2,...,S$). Diese Formel kann für die ›Wette‹ konkretisiert werden, da ($s = 1,2$) definiert wurde und es damit nur zwei mögliche Zustände (›S_1‹ und ›S_2‹) sowie zwei Wahrscheinlichkeitswerte (›w(S_1)‹ und ›w(S_2)‹) gibt. Da *zwei* Zustände vorliegen, werden ebenso viele Wahrscheinlichkeitswerte benötigt, z.B. ›p‹ und ›q‹. Da die *Summe* der Wahrscheinlichkeitswerte jedoch gleich 1 sein muß, kommt man bei zwei Zuständen mit *einer* Variablen aus und kann die andere als deren *Differenz zu 1* ansehen: ›p‹ und ›1-p‹.

	S_1	S_2
A_1	$w(S_1) = p$	$w(S_2) = q = 1 - p$
A_2	$w(S_1) = p$	$w(S_2) = q = 1 - p$

Voraussetzung: $p + q = 1$

Bisher unerwähnt blieb noch die Bedeutung der zusammenhängenden Formel

---

[102] Ebd., vgl. S. 165.

3. Spezielle Fragen zur »Wette«

$$\Phi(A_a) = \sum_{s=1}^{S} w(S_s) \cdot U(E_{as})$$

Hier verbirgt sich die Anweisung, die ›Summe Σ der Wahrscheinlichkeiten der Seinsarten w(S$_s$) multipliziert mit ihrem Nutzen U(E$_{as}$)‹ zu bilden und zwar nach folgender Methodik: ›s = 1‹ gibt an, an welchen Punkt mit der Summenbildung *begonnen* werden soll, während ›S‹ den *Endpunkt* bezeichnet – ein Wahrscheinlichkeitswert pro Zustand. Da in der ›Wette‹ zwei Zustände vorliegen (s = 1,2), müssen hier *zwei* Werte addiert werden, nämlich ›w(S$_1$)‹ und ›w(S$_2$)‹, welche zuvor noch mit ihren Nutzenwerten ›U(E$_{a1}$)‹ und ›U(E$_{a2}$)‹ *multipliziert* wurden:

$$\Phi(A_a) = w(S_1) \cdot U(E_{a1}) + w(S_2) \cdot U(E_{a2})$$

Die so entstehende Summe ist der *Präferenzwert* Φ(A$_a$). Da dieser dazu dienen soll, die sich bietenden Alternativen zu unterscheiden, muß pro Alternative ein Präferenzwert berechnet werden:

Φ(A$_1$) = w(S$_1$) · U(E$_{11}$) + w(S$_2$) · U(E$_{12}$)	Φ(A$_2$) = w(S$_1$) · U(E$_{21}$) + w(S$_2$) · U(E$_{22}$)

Durch die zuvor festgelegten Definitionen von ›w(S$_s$)‹ und ›U(E$_{as}$)‹ können folgende Einsetzungen vorgenommen werden:

Φ(A$_1$) = w(S$_1$) · U(E$_{11}$) + w(S$_2$) · U(E$_{12}$) = p · 1 + (1 - p) · y = p + y - py = p/y + 1 - p	Φ(A$_2$) = w(S$_1$) · U(E$_{21}$) + w(S$_2$) · U(E$_{22}$) = p · 0 + (1 - p) · x = x - px = 1 - p

Die Nutzenerwartungswerte der beiden Alternativen sind nun ermittelt, jetzt gilt es, mittels der *Zielfunktion* die bessere Alternative herauszufinden. Diese Zielfunktion besagt: „Gesucht ist dasjenige Element (bzw. diejenigen Elemente) A$_a$ aus der Alternativenmenge A, das den Wert der Präferenzfunktion Φ maximiert."[103] Für das ›Bernoulli-Prinzip‹ lautet die Zielfunktion:

$$\Phi(A_a) \to \underset{a}{Max} \qquad \text{bzw.} \qquad \sum_{s=1}^{S} w(S_s) \cdot U(E_{as}) \to \underset{a}{Max}$$

Für die ›Wette‹ ist diese Beurteilung der sich bietenden Alternativen recht einfach:

Φ(A$_1$) = p/y + 1 - p und Φ(A$_2$) = 1 - p p/y > 0 Φ(A$_1$) > Φ(A$_2$) Φ(A$_1$) → *Max*

---

[103] Ebd., S. 25.

Die Alternative A_1 ist die mit dem größten Nutzenerwartungswert, hinter ihr verbirgt sich die Annahme ›Gott ist‹. Die entscheidungstheoretische Untersuchung der ›Wette‹ rät also ebenso wie PASCAL, auf die Existenz Gottes zu setzen – diese Alternative ist die attraktivste, lohnendste. Dabei spielt es keine Rolle, *wie groß* der Unterschied zwischen den beiden Nutzenerwartungswerten der Handlungsalternativen ist: Der Faktor p/y, der hier Alternative A_1 von Alternative A_2 unterscheidet, erscheint auf den ersten Blick als sehr gering, doch es ist die *Tatsache der Differenzierbarkeit* der Alternativen, die entscheidend ist, nicht die *Größe der Kluft* zwischen den Werten. Entscheidend ist das *Vorhandensein einer Differenz*, sie ermöglicht die hierarchische Anordnung der Alternativen und damit ihre Unterscheidung anhand von mathematisch ermittelten Werten. Die Größe der Nutzenerwartungswerte ergibt sich durch die gewählten *Platzhalter*, je mehr diese auf die Kluft zwischen den Ergebnissen ›Seligkeit‹ und ›Verdammnis‹ hinweisen, desto mehr unterscheiden sich die Nutzenerwartungswerte der Alternativen. – PASCALS Schluß, man *müsse* auf die Existenz Gottes setzen, da dies die lohnendere Alternative sei, wird durch die entscheidungstheoretische Untersuchung der ›Wette‹ anhand des ›Bernoulli-Prinzips‹ bestätigt; seine Argumentation in der ›Wette‹ ist in entscheidungstheoretischer Hinsicht gültig. In der ›Wette‹ liegen alle Elemente vor, die man für eine ›Entscheidung unter Risiko‹ benötigt, ihre Argumentationsstruktur ist mathematisch-logisch gültig, sie verfügt über ein *rational nachvollziehbares Überzeugungsmoment*.

3.1.2 Beurteilung der Argumentationsstruktur der ›Wette‹ in der Literatur

Fast jedes Werk, daß sich schwerpunktmäßig mit PASCALS ›Wette‹ beschäftigt, versucht, die Überzeugungskraft der ›Wette‹ mathematisch zu ermitteln, um so zu einem fundierten Urteil über die logische Gültigkeit der Argumentation PASCALS zu kommen. Die Vorgehensweise der meisten Autoren ist dabei ähnlich der oben angewandten: Die Gewinne, Verluste und Einsätze einer jeden Handlungsalternative werden mittels mathematisch verwendbarer Platzhalter ausgedrückt und durch ein entscheidungstheoretisches Kalkül voneinander abgegrenzt. Doch es finden sich auch Abweichungen in der Methodik der verschiedenen Interpreten, hauptsächlich hinsichtlich der gewählten *Platzhalter*. Wie schon erwähnt, sind diese für die *Kluft* zwischen der Attraktivität der beiden Handlungsmöglichkeiten ›Gott ist‹ und ›Gott ist nicht‹ verantwortlich, eine Kluft, die in der obigen entscheidungstheoretischen Betrachtung der ›Wette‹ aus dem Faktor p/y bestand.

Ich möchte im Folgenden zwei Beispiele aus der Sekundärliteratur vorstellen, bei denen der Abstand zwischen den beiden Alternativen *unendlich groß* wird: Im ersten Band seiner 1969 entstandenen Schrift *»Probleme und Resultate der Wissenschaftstheorie und Analytischen Philosophie«* behandelt WOLFGANG STEGMÜLLER die ›Wette‹ als ein

›kurioses‹ entscheidungstheoretisches Beispiel. Seine Platzhalter für die *Wahrscheinlichkeit der Zustände* stimmen mit den oben verwendeten überein (›p‹ und ›1-p‹), den *Nutzen der Alternativen* gibt STEGMÜLLER dagegen wie folgt an[104]:

	Der Katholizismus ist wahr	Der Katholizismus ist falsch
katholisch werden	x	-1
Atheist bleiben	$-\infty$	0

Voraussetzung: $x \neq -\infty$

Die Hierarchie der Gewinne ist deutlich: $-\infty$ repräsentiert den Gewinn ›Verdammnis‹ und wird als das schlechteste Ergebnis als *unendlich negativ* bewertet. Besser ist der mit *-1* gekennzeichnete Fall: Hier gewinnt man nichts, muß dafür aber einen Einsatz bringen – im Gegensatz zum Ergebnis *0*, für das weder ein Gewinn noch ein Einsatz verzeichnet werden kann und das deshalb *etwas* wünschenswerter ist als *-1*. – Die Anordnung der Gewinne des ›Nichts‹ um den Nullpunkt macht Sinn: So wird ihre Entfernung von $-\infty$, zum anderen aber auch ihre geringe Attraktivität betont. x steht für den Gewinn ›Seligkeit‹. Durch die Voraussetzung $x \neq -\infty$ wird verdeutlicht, daß ›Seligkeit‹ nie *schlechter* bewertet werden kann als Verdammnis – wohl aber schlechter als der Gewinn ›Nichts‹, denn die Voraussetzung $x > 0$ macht STEGMÜLLER nicht. Es ist also möglich, daß der Gewinn der Seligkeit negativer bewertet wird als der Gewinn des ›Nichts mit Einsatz‹. Diese, auf den ersten Blick problematische Relation der Platzhalter kann durch den Hinweis erklärt werden, daß STEGMÜLLER hier eine *subjektive* Entscheidung repräsentieren möchte: Jeder kann den Wert x individuell füllen und dadurch seine ganz persönliche Matrix erstellen. Unter Verwendung der STEGMÜLLER'schen Platzhalter ergeben sich folgende Nutzenerwartungswerte:

$\Phi(A_1) = w(S_1) \cdot U(E_{11}) + w(S_2) \cdot U(E_{12})$	$\Phi(A_2) = w(S_1) \cdot U(E_{21}) + w(S_2) \cdot U(E_{22})$
$= p \cdot x + (1 - p) \cdot -1$	$= p \cdot -\infty + (1 - p) \cdot 0$
$= px - 1 + p$	$= -\infty p$
$= p(x + 1) - 1$	$= -\infty$

Vergleicht man diese Nutzenerwartungswerte miteinander, wird deutlich, daß die Alternative ›Gott ist nicht‹ einen *unendlich* schlechteren Wert hat als ›Gott ist‹. Der Unterschied zwischen den Alternativen wird mit den STEGMÜLLER'schen Platzhaltern deutlicher als mit den oben gewählten: Durch die Verwendung des Wertes $-\infty$ für den Gewinn ›Verdammnis‹ wird dem Erwartungswert von ›Gott ist nicht‹ eine

---

[104] STEGMÜLLER: *Probleme und Resultate der Wissenschaftstheorie und Analytischen Philosophie.* Band I, Studienausgabe Teil 3. Berlin/ Heidelberg/ New York 1969. Vgl. S. 388-389.

nicht ausgleichbare Negativität zugeteilt, diese Alternative wird schon mit der Zuschreibung des Platzhalters $-\infty$ disqualifiziert.

Auch NICOLAS RESCHER wählt in seiner Abhandlung *»Pascal's Wager. A study of practical reasoning in philosophical theology«* aus dem Jahre 1985 sehr deutliche Platzhalter, allerdings geht er dabei genau entgegengesetzt zu STEGMÜLLER vor: Wo STEGMÜLLER die Alternative ›Gott ist nicht‹ durch die Zuschreibung eines *unendlich negativen* Ergebnisses disqualifizierte, schreibt RESCHER der Annahme ›Gott ist‹ eine *positive Unendlichkeit* als Gewinn zu[105]:

	If God exists	If God doesn't exist
Bet on God	$+\infty$	0
Bet against God	little or nothing (perhaps even something negative)	0

Hier ist die Alternative ›Gott ist‹ die einzig attraktive, sie verspricht einen unendlich hohen Gewinn, während die anderen nur neutrale oder negative Effekte bieten. Diese Platzhalter berücksichtigen jedoch lediglich die Gewinne, die *Einsätze* des Wettenden bleiben außen vor. RESCHER bezieht sie im nächsten Schritt mit ein und verlagert damit die *Relation* der Werte[106]:

	If outcome is favorable (probability p)	If outcome is unfavorable (probability $1 - p$)
Bet on God	X	$-Y$
Bet against God	0	0

X repräsentiert den Gewinn ›Seligkeit‹ ($+\infty$) unter Einsatz des irdischen Lebens, dieser ist und bleibt der höchste Wert der ›Wette‹. $-Y$ bezeichnet das ›Nichts mit Einsatz‹, in RESCHERS Hierarchie steht dieser Wert ganz unten, wird doch das irdische Leben nutzlos geopfert. *0*, verwendet sowohl für den Gewinn ›Verdammnis‹ als auch für ›Nichts ohne Einsatz‹, ordnet sich *neutral* zwischen den beiden subjektiv auslegbaren Extremwerten X und $-Y$ ein. Damit liegt bei RESCHER eine andere, neue Gewichtung der Gewinne vor: ›Verdammnis‹ ist nicht länger der schlechteste mögliche Gewinn, diesen lokalisiert RESCHER im Fall ›Nichts mit Einsatz‹: Dort gibt der Mensch sein Leben, ohne etwas dafür zu erhalten. Dazu muß man bemerken, daß der Begriff ›Verdammnis‹ bei RESCHER nicht verwendet wird: ›Little or nothing (perhaps even something negative)‹ – mit diesen Worten umschreibt er den Fall, der bisher immer mit ›Verdammnis‹ bezeichnet wurde. ›Verdammnis‹ ist in RESCHERS Hierarchie dem ›Nichts ohne Einsatz‹ gleichberechtigt; die Verwendung identischer Platzhalter ist möglich. Dadurch ergibt sich eine neue Gewichtung der

---

[105] RESCHER: *Pascal's Wager*. Notre Dame 1985. Vgl. S. 11.
[106] Ebd., vgl. S. 12.

Handlungsalternativen: Die Annahme ›Gott ist nicht‹ birgt nur *neutrale* Effekte, während die Alternative ›Gott ist‹ einen *extrem hohen* ($X = +\infty$) und einen *niedrigen* Wert (-Y) vorzuweisen hat. Vor diesem Hintergrund ergeben sich folgende Erwartungswerte:

> Bet on God: $p(X) + (1 - p)(-Y) = p(X + Y) - Y$
> Bet against God: 0

Voraussetzung: $p \neq 0$

Unter der Voraussetzung $p \neq 0$ wird die Handlungsalternative ›Gott ist‹ zur attraktivsten, repräsentiert doch X den Wert $+\infty$. Für die Alternative ›Gott ist nicht‹ erhält man durch die Neutralisierung der ›Verdammnis‹ zum ›Nichts ohne Einsatz‹ einen kleineren Wert – RESCHERS Analyse stützt somit PASCALS Schluß, man setzte am besten auf die Existenz Gottes.

RESCHER und STEGMÜLLER zeigen durch ihre doch recht gegensätzliche Wahl der Platzhalter, daß man sich in der ›Wette‹ anhand *zweier* Kriterien entscheiden kann – und daß man beide Male zum gleichen Ergebnis kommt: Der Wettende kann sein Augenmerk – wie STEGMÜLLER – auf die unendliche Negativität der *Verdammnis* richten und aus Furcht vor dieser ›Strafe‹ auf Gott setzen. Ebenso kann er sich aber auch – mit RESCHER – an der unendlichen Positivität der *Seligkeit* orientieren und sich aus diesem Grunde für die Existenzseite aussprechen.

3.1.3 Zusammenfassung

STEGMÜLLERS und RESCHERS Analysen wurden hier angeführt, um auf die allgemeine Akzeptanz der entscheidungstheoretischen Analyse der ›Wette‹ hinzuweisen. Neben diesen Beiträgen finden sich noch andere Arten von Überlegungen zur Argumentationsgrundlage der ›Wette‹ in der Literatur: In *»The Emergence of Probability«* (1975) untersucht z.B. IAN HACKING die ›Wette‹ allein auf semantischem Niveau nach der dominierenden Alternative, also ohne auf mathematische Kalkulationen zurückzugreifen[107]. Was bei allen Untersuchungen der ›Wette‹ jedoch erwiesen wird, ist ihre *Überzeugungskraft* – die Methoden mögen verschieden sein, die Ergebnisse sind vergleichbar. Allerdings variiert das *Maß der Überzeugungskraft* je nach gewählten Platzhaltern: Mal erweist sich die Annahme ›Gott ist‹ als ›unendlich günstig‹, mal lediglich als ›günstig‹. Die Größe der Kluft zwischen den Alternativen ist indes von zweitrangiger Bedeutung: Solange sich Nutzenerwartungswerte ergeben, hat man einen Anhaltspunkt für seine Entscheidung – und jeder wird bei Gleichwahrscheinlichkeit der Alternativen die günstigere wählen, unabhängig von der Größe

---

[107] HACKING: *The Emergence of Probability*. Cambridge 1975. Vgl. S. 63-72.

ihres Vorsprungs. Der Grund für diese Überzeugungskraft der ›Wette‹ liegt in der Verwendung der ›*unendlichen Seligkeit*‹: Dieser Wert ist von PASCAL so eingesetzt worden, daß er jede aus der ›Wette‹ ableitbare *Hierarchie von Gewinnen* dominiert und der Existenzseite immer einen Vorsprung einräumt. *Allein durch die positive Unendlichkeit der Seligkeit wird die ›Wette‹ entschieden.*

Man kann somit sagen, daß die Betrachtung der *Argumentationsstruktur* der ›Wette‹ zeigt, daß PASCAL recht hat, wenn er selbstbewußt sagt, seine Argumentation verfüge über eine ›unendliche Überzeugungskraft‹. Ohne Referenz auf empirische Grundlagen, auf natürliche Anzeichen oder Beweise gelingt es PASCAL mit seiner ›Wette‹, die Annahme der fragwürdigen Existenz eines verborgenen Wesens als günstiger darzustellen als die Annahme der Nichtexistenz dieses Wesens. Wo normalerweise der Glauben an ein nicht nachweisbares Wesen rational schwer begründbar erscheint, ist nun ganz im Gegenteil Unglauben unvernünftig: Durch die in der ›Wette‹ enthaltene Kalkulation ist Glauben rational begründbar, während der Ungläubige sich den Vorwurf der *stultitia* gefallen lassen muß – wenn die Alternative ›Gott ist‹ so viel attraktiver ist als die Alternative ›Gott ist nicht‹, wäre es geradezu dumm, sich dieser Chance zu verschließen. Die ›Wette‹ ist damit in jeder Hinsicht als apologetisches Mittel geeignet, verteidigt sie doch nicht nur Glauben als rational begründbar, sondern wirft noch darüber hinaus den Ungläubigen Mißachtung der Vernunft vor. – Der Grund für diese apologetische Verwendbarkeit der ›Wette‹ liegt allein in der Form, die PASCAL seiner Einsatz-Nutzen-Kalkulation gegeben hat: Die Elemente und die Struktur der ›Wette‹ sind in entscheidungstheoretischer Sicht absolut überzeugend. Das Fragment 233 mag sich inhaltlich mit einer ›kuriosen‹ (STEGMÜLLER) Wettsituation befassen, die Darlegung der ›Wette‹ erfolgt indes auf absolut rationalem Niveau. Die Frage nach der Existenz eines göttlichen Wesens wird auf eine Einsatz-Nutzen-Relation reduziert – so entsteht die Möglichkeit, auf einer ganz neuen, pragmatischen statt metaphysischen Ebene über den Sinn des Glaubens zu philosophieren. Die Frage nach *Gewinn und Verlust* kann pragmatisch abgehandelt werden, die nach *Glauben und Nichtglauben* dagegen kaum – PASCAL ersetzt in der ›Wette‹ Metaphysik durch Pragmatismus und ermöglicht damit die rationale Beantwortung einer fast irrationalen Frage.

3.2 Intendiert die ›Wette‹ einen Gottesbeweis?

In diesem Kapitel soll die ›Wette‹ hinsichtlich eines möglicherweise intendierten *metaphysischen Gottesbeweises* untersucht werden – ein Thema, das vor allem für die Bestimmung der Intention der ›Wette‹ von Bedeutung ist. Inhaltlich wird sich dieses Kapitel in drei Abschnitte gliedern:

3. Spezielle Fragen zur »Wette«

Im ersten möchte ich mich nochmals mit dem Fragment 233 befassen und untersuchen, was PASCAL im Umfeld der ›Wette‹ zum Gottesbeweis sagt – liegt ihr Ziel im metaphysischen Nachweis der Existenz Gottes? Gleichfalls sollen die gesamten »Pensées« unter dieser Fragestellung betrachtet werden: Wie äußert sich PASCAL in den anderen Fragmenten zum Gottesbeweises?

Der zweite Abschnitt dieses Kapitels wird sich mit PASCALS Auseinandersetzung mit dem Gottesbeweis DESCARTES' beschäftigen. PASCAL und DESCARTES sind zwei herausragende Denker des französischen 17. Jahrhunderts, die sich in Hinsicht auf die thematische Strenge und ihre Nähe zum mathematischen Denken nahe sind, während sie sich in Hinsicht auf die Frage nach der Möglichkeit eines Gottesbeweises gegenüberstehen. Beide Haltungen zum Gottesbeweis fanden Eingang in die »Pensées«, da PASCAL seine ›Wette‹ ebenso wie die gesamte Diskussion des Gottesbeweises an DESCARTES' Bemühungen um den Beweis der Existenz Gottes ausrichtet.

Der dritte Abschnitt dieses Kapitels soll abschließend einen Blick in die Sekundärliteratur werfen – unter der Frage, ob dort von einer Beweisintention der ›Wette‹ ausgegangen wird.

3.2.1 Untersuchung der ›Wette‹ hinsichtlich einer metaphysischen Beweisintention

Ich möchte die Untersuchung der Frage, ob die ›Wette‹ einen Gottesbeweis intendiert, beginnen, indem ich das Fragment 233 nach Äußerungen zur Möglichkeit eines Gottesbeweises untersuche. Interessant sind dabei vor allem die *einleitenden Bemerkungen*, wo PASCAL explizit auf Fragen nach der Beweisbarkeit des Glaubens sowie der Existenz Gottes eingeht. Dort wird zunächst die Unerreichbarkeit der Erkenntnis des göttlichen Daseins und Wesens für den Menschen formuliert:

„Aber wir kennen weder das Dasein noch das Wesen Gottes, weil er weder Ausdehnung noch Grenzen hat. – Durch den Glauben aber wissen wir von seinem Dasein; und in der Seligkeit werden wir sein Wesen kennen."[108]

Die Unerreichbarkeit Gottes resultiert aus PASCALS jeweiligem Begriff von Gott und Mensch:

„Wenn es einen Gott gibt, ist er unendlich unbegreifbar; da er weder Teile noch Grenzen hat, besteht zwischen ihm und uns keine Gemeinsamkeit. Also sind wir unfähig zu wissen, was er ist, noch ob er ist."[109]

---

[108] PASCAL: *Pensées*. [1670] Hrsg. von E. Wasmuth. ⁷1972. Fragment 233 (Laf. 418). S. 121.
[109] Ebd., Fragment 233 (Laf. 418). S. 121/122.

Gott und Mensch sind hinsichtlich Dasein und Wesen so weit von einander entfernt, daß der Mensch nicht in der Lage ist, Gott zu erfassen. PASCAL sieht den Menschen als begrenzt und endlich, Gott dagegen als unbegrenzt und unendlich an; die Kluft zwischen Mensch und Gott ist unüberwindbar groß. Zwar besitzt der Mensch mit Raum, Zeit und Zahl Prinzipien, mit denen er seine Umwelt beurteilen kann, bezüglich Gott sind sie jedoch nutzlos: Die auf Endliches abgestimmten menschlichen Prinzipien versagen am unendlichen Dasein und Wesen Gottes. – Dieses Versagen der menschlichen Vernunft und Wissenschaft bezüglich Gott thematisiert PASCAL ebenfalls in der Methodenschrift *»De l'esprit géométrique et de l'art de persuader«*:

> „Ich spreche hier nicht von den göttlichen Wahrheiten, denn ich würde mich hüten, sie der Kunst, zu überzeugen, einzuordnen, da sie unendlich höher sind als die Natur. Gott allein vermag sie in die Seele zu legen und auf die Art, die ihm gefällt."[110]

Menschliche Vernunft, und damit jede Art von Wissenschaft und Philosophie, ist außerstande, sich Gott zu erschließen: Er ist weder hinsichtlich seines Wesens erkennbar, noch hinsichtlich seines Daseins beweisbar. PASCALS Gottesbegriff, ebenso wie seine Interpretation der Lage und des Erkenntnisvermögens des Menschen schließt das Erkennen Gottes für den Menschen aus.

Diese Unmöglichkeit des Erkennens und Beweisens Gottes postuliert PASCAL zu Anfang des Fragments 233, die nachfolgende ›Wette‹ basiert auf dieser Unerreichbarkeit Gottes, wie sie auch gleichzeitig daraus resultiert: Die Gläubigen können mit Hilfe von Wissenschaft und Philosophie Gott nicht als existent beweisen. Mit der in der ›Wette‹ enthaltenen pragmatischen Einsatz-Nutzen-Kalkulation gibt PASCAL dem Gläubigen dann ein Mittel an die Hand, welches bei Fragen nach dem Grund des Glaubens die fehlenden metaphysischen Existenzbeweise ersetzen kann: Für einen geringen Einsatz und mit einer recht hohen Wahrscheinlichkeit von 50% hat der Gläubige die Aussicht, nach dem Tod eine unendliche Anzahl glücklicher Leben zu erhalten. Der Grund, den die ›Wette‹ für Glauben angibt, ist nicht nur für den Gläubigen verständlich, sondern ebenso für den Atheisten: Nutzen und Vorteil sind Grund des Glaubens und als solche diskutierbare, kalkulierbare und mit Hilfe der Vernunft nachvollziehbare Größen. *Die ›Wette‹ transportiert die eigentlich im metaphysischen Bereich angesiedelte Frage nach der Begründung des Glaubens auf eine pragmatische und der Vernunft zugängliche Ebene, ihre Intention ist daher vor allem darin zu sehen, praktisches Mittel zur Verteidigung des Glaubens zu sein.* Da die theoretische Vernunft, die auf Existenzhinweise referierende Wissenschaft, an Gott versagt, greift PASCAL auf ei-

---

[110] PASCAL: *Vom geometrischen Geist und von der Kunst zu überzeugen.* [1658] In: *Die Kunst zu überzeugen.* Hrsg. von E. Wasmuth. Heidelberg ³1963. S. 85.

ne praktisch orientierte Argumentation zurück: Statt nach metaphysischen Beweisen wird nach dem praktischen Zweck, dem Nutzen des Glaubens gefragt; statt den Gegenstand des Glaubens zu erforschen, werden die menschlichen Gründe für den Glauben mathematisch kalkuliert.

Im Vorfeld der ›Wette‹ macht PASCAL also deutlich, daß er einen metaphysischen Gottesbeweis für problematisch hält, daß er aber gleichfalls um das Problem weiß, welches den Gläubigen aus der Unmöglichkeit des Gottesbeweises für die Rechtfertigung ihres Glaubens entsteht. Die nachfolgend konzipierte ›Wette‹ basiert auf dieser Unbeweisbarkeit Gottes und hat das Ziel, die *Unbegründbarkeit* des Glaubens zu kompensieren, indem sie die *Nützlichkeit* des Glaubens beweist.

Daß PASCAL mit dem Fragment 233 nicht einen Beweis der göttlichen Existenz intendiert, wird nicht nur im Vorfeld der ›Wette‹ ersichtlich, sondern auch in ihrer eigentlichen Konzeption, ihrer inneren Struktur. Die Frage nach der Existenz Gottes gehört zu den *Prämissen* der ›Wette‹: PASCAL arbeitet mit der *50%igen Wahrscheinlichkeit* der Existenz Gottes als Grundlage seines Glücksspiels – es wäre widersprüchlich, wenn das Ergebnis des Kalküls die *100%ige Gewißheit der Prämisse*, und damit das gesicherte Wissen um die Existenz Gottes, beinhalten würde. Mit anderen Worten: PASCAL geht es in der ›Wette‹ nicht um den Beweis der Existenz Gottes. Diese wird in der ›Wette‹ problematisiert, auf dem Hintergrund der unbewiesenen Existenz kann die ›Wette‹ erst entworfen werden. Ergebnis der ›Wette‹ ist nicht der Beweis der Existenz Gottes, sondern die Erkenntnis, daß es lohnend ist, die unbewiesene Existenz Gottes aufgrund eines pragmatischen Nutzenaspekts anzunehmen. *Die ›Wette‹ ist nicht metaphysisch, sondern pragmatisch ausgerichtet, in ihr geht es nicht um den Beweis der Existenz, sondern um den Beweis der Nützlichkeit einer Annahme. Die ›Wette‹ resultiert aus der fehlenden Möglichkeit des Gottesbeweises und bleibt dieser Quelle bis zum Ende treu.*

Die bisher diskutierten Äußerungen PASCALS zur Frage nach der Möglichkeit des Gottesbeweises stammen sämtlich aus dem unmittelbaren Umfeld der ›Wette‹ sowie aus der Methodenschrift *»De l'esprit géométrique et de l'art de persuader«*. Es ist ebenfalls interessant, unter dieser Fragestellung einen Blick in die anderen Fragmente der *»Pensées«* zu werfen: Wenn PASCAL in Fragment 233 äußert, er halte einen Gottesbeweis aufgrund der Kluft zwischen Mensch und Gott für unmöglich, müßte sich diese Haltung in den anderen Texten dieses Werkes widerspiegeln.

Vor allem das Fragment 556 (Laf. 449) spricht den Gottesbeweis an:

„Und deshalb will ich hier weder die Existenz Gottes, noch die Dreieinigkeit, noch die Unsterblichkeit der Seele, noch irgend etwas dieser Art durch natürliche Schlüsse zu beweisen unternehmen; nicht nur, weil ich mich nicht stark genug fühle, in der

Natur irgend etwas zu finden, was verhärtete Atheisten überzeugen könnte, sondern auch, weil solche Erkenntnis ohne Jesus Christus nutzlos und unfruchtbar ist."[111]

Hier wird deutlich, daß PASCAL einen Gottesbeweis nicht kategorisch ablehnt, für unmöglich hält, sondern daß er ihn aus bestimmten, *praktischen* Gründen nicht selbst versuchen kann: Er zweifelt an seinen (intellektuellen, menschlichen) Fähigkeiten, die ihm für ein solches Unternehmen als nicht ausreichend erscheinen. Diese Interpretation seiner eigenen Vernunft entspricht dem, was schon im Fragment 233 ersichtlich wurde: Der Mensch zeichnet sich vor allem durch seine Begrenztheit aus; sein endliches Wesen vermag das unendliche Wesen Gottes nicht zu erkennen. PASCAL stellt sich hier ganz selbstverständlich in die Reihe der endlichen und begrenzten Menschen: Auch seine Vernunft versagt, wenn sie sich Gott zu nähern versucht, auch er kann der menschlichen Erfahrungswelt, der Natur, keine Beweise für Gottes Existenz entnehmen.

Mit der ›Wette‹ widerspricht PASCAL dieser Einschränkung der menschlichen Vernunft keineswegs: Sie referiert nicht auf den metaphysischen Beweis der göttlichen Existenz, sondern auf die Frage nach der Nützlichkeit der Annahme der göttlichen Existenz.

In obigem Zitat aus dem Fragment 556 merkt PASCAL an, die Erkenntnis Gottes sei ohne Jesus Christus fruchtlos – wie ist das zu verstehen? Aus Fragment 547 (Laf. 189) geht hervor, daß PASCAL die Erkenntnis Gottes nur dann für möglich hält, wenn diese über Jesus Christus erfolgt:

„[...] Nur durch Jesus Christus kennen wir Gott. Ohne diesen Mittler ist jede Gemeinschaft mit Gott ausgelöscht; [...]. Alle, die vorgaben, Gott ohne Jesus Christus kennen und ohne Jesus Christus beweisen zu können, hatten nur machtlose Beweise."[112]

PASCAL schreibt Jesus Christus eine *Vermittlerfunktion* zwischen Gott und Mensch zu, die bedingt, daß es dem Menschen ohne Jesus Christus unmöglich ist, Gott zu erkennen oder zu beweisen. Die Abwesenheit Jesus Christus', die PASCAL thematisiert, bezieht sich auf die menschlichen Versuche, Gott zu erkennen: Jesus Christus ist in diesen (wissenschaftlichen, philosophischen) Bemühungen abwesend; die Menschen versuchen, sich Gott unmittelbar zu nähern und scheitern, weil der Mittler ausgeschaltet wurde. Alle Gottesbeweise ohne Beachtung von Jesus Christus sind machtlos, nur aufgrund seiner eigenen Vernunft vermag der Mensch Gott weder zu erkennen noch zu beweisen. PASCAL kritisiert mit dem obigen Fragment

---

[111] PASCAL: *Pensées*. [1670] Hrsg. von E. Wasmuth. ⁷1972. Fragment 556 (Laf. 449). S. 252.
[112] Ebd., Fragment 547 (Laf. 189). S. 239/240.

die schon bestehenden Gottesbeweise und bemüht sich im gleichen Zug, den Grund ihres Scheiterns aufzuzeigen.

Andere Fragmente der *»Pensées«* weisen indes darauf hin, daß auch unter Einbezug des Vermittlers Jesus Christus die Kenntnis Gottes sowie der Gottesbeweis unmöglich ist – ist es doch nicht nur Gottes Wesen, *unerreichbar* zu sein, sondern mehr noch, *verborgen* zu sein:

> „[...] Wenn diese [die christliche] Religion sich rühmte, sie schaue Gott in der Klarheit und besitze ihn deutlich und unverschleiert, dann würde man, um sie zu bekämpfen, nur zu sagen brauchen, daß man in der Welt nichts fände, was ihn in dieser Evidenz zeige. Da sie aber im Gegenteil lehrt, daß die Menschen in den Finsternissen und fern von Gott seien, daß er sich ihrer Erkenntnis verborgen habe und daß dies sogar der Name, Deus absconditus, sei, den er sich in der Schrift gegeben; [...]"[113]

PASCAL führt hier weiter aus, was er im Kontext der ›Wette‹ schon sagte: Es liegt in Gottes *Wesen*, sich dem Menschen zu entziehen, beide sind durch eine unendliche Kluft getrennt. Gott ist der ›Deus absconditus‹, der ›verborgene Gott‹, der sich der Erkenntnis des Menschen verschließt. Neben der oft mangelhaften Kenntnis Jesus Christus' bzw. dem Ausschluß des Vermittlers Jesus Christus, ist es Gott selbst, der den Beweis der Existenz unmöglich macht: Er verbirgt sich vor der menschlichen Erkenntnis. – Folglich ist es vor allem PASCALS Bild von Gott wie vom Menschen, das seine Haltung zum Gottesbeweis bestimmt; es sind die göttlichen und menschlichen Wesenheiten, die dem Menschen die Gotteserkenntnis und damit den Gottesbeweis unmöglich machen. Der Mensch kann sich Gott nicht nähern, weil er wesensmäßig verschieden ist und weil es schlicht kein Mittel gibt, um die vorhandene Kluft zu überwinden.

PASCAL kritisiert an den bestehenden Gottesbeweisen somit vor allem, daß sie Jesus Christus, den Vermittler zwischen Gott und Mensch, gänzlich außer Acht lassen; außerdem sieht er die vorhandenen Gottesbeweise als zu komplexe und beinahe unverständliche Konstrukte an:

> „[...] Die metaphysischen Gottesbeweise sind so abseits vom Denken der Menschen und so verwickelt, daß sie wenig überzeugen, und sollten sie wirklich einigen nützen, so werden sie nur so lange nützlich sein als man den Beweis vor Augen hat; eine Stunde danach fürchten sie, sich getäuscht zu haben."[114]

---

[113] Ebd., Fragment 194 (Laf. 427). S. 98/99.
[114] Ebd., Fragment 543 (Laf. 190). S. 238.

An dieser Stelle wird deutlicher, was in Bezug auf das Fragment 556 schon einmal angesprochen wurde: PASCAL schließt die theoretische Möglichkeit des Gottesbeweises nicht aus, wohl aber seine praktische Durchführbarkeit und seinen praktischen Nutzen: Gottesbeweise sind oft zu kompliziert, um wirklich verstanden zu werden. Zudem hat ihre Überzeugungswirkung keinen Bestand, sie vermögen es nicht, jemanden auf lange Sicht von der Existenz Gottes zu überzeugen – wiederum wegen ihrer Komplexität. Es sind damit vor allem *praktische* Gründe, mit denen PASCAL die Wirksamkeit von Gottesbeweisen einschränkt, und keine logischen Mängel der Beweise selbst: Er hält den metaphysischen Beweis der Existenz Gottes für (theoretisch) möglich, spricht ihm aufgrund der geringen Wirkung allerdings jeden (praktischen) Sinn ab.

PASCAL verbindet die Frage nach dem Gottesbeweis demnach in erster Linie mit der Frage nach dem *Nutzen,* der *Wirkung* eines solchen Beweises – und da die vorhandenen Beweise seiner Meinung nach keinen Nutzen besitzen, lehnt er sie ab. Der metaphysische Beweis vermag nur im Moment zu überzeugen, als längerfristige Verteidigung des Glaubens dient er nicht. PASCALS ›Wette‹ ist anders: Ihre Struktur lehnt sich an das simple Glücksspiel des Münzwurfes an, alle anderen Elemente sind denkbar unkompliziert gestaltet: Einsatz und Gewinn werden klar dargelegt, die Wahrscheinlichkeiten sind mathematisch abgesichert. Man kann die ›Wette‹ mit wenigen Sätzen darlegen – ihre einfache Struktur verleiht ihr eine lange Überzeugungswirkung. Im Gegensatz zum metaphysischen Gottesbeweis hat die ›Wette‹ einen anhaltenden Nutzen, ist sie nicht Abseits vom Denken der Menschen. Die ›Wette‹ kann Glauben rechtfertigen, unter Umständen sogar Ungläubige durch die günstige Einsatz-Nutzen-Relation zur Bemühung um Glauben motivieren – eine solche Wirkung findet PASCAL bei den Gottesbeweisen nicht. Seine Ablehnung des Gottesbeweises hat also hauptsächlich praktische Gründe: Der Mensch kann mit einem Gottesbeweis recht wenig anfangen. Die Struktur der ›Wette‹ resultiert somit nicht zuletzt aus PASCALS Ablehnung des metaphysischen Gottesbeweises: Eine langanhaltende Überzeugungswirkung, vor allem aber eine einfache, leicht verständliche Struktur dürften bei der Konzeption dieses Fragments die zentralen Vorgaben gewesen sein. Selbst wenn das Fragment 233 mit der Verteidigung des Glaubens eine Intention verfolgt, die der eines Gottesbeweises ganz ähnlich ist, bleibt es doch auf einer dem Menschen leicht einsichtigen Argumentationsebene.

Den fehlenden Nutzen der metaphysischen Gottesbeweise thematisiert auch das folgende Fragment, welches in ironischer Art und Weise die überzeugende Wirkung der metaphysischen Gottesbeweise anspricht – überzeugend sind diese nämlich nur für die schon Gläubigen:

3. Spezielle Fragen zur »Wette« 85

> „ [...] Ich bewundere die Kühnheit, mit der diese Leute[115] es unternehmen, von Gott zu sprechen. Sie beginnen damit, wenn sie zu den Ungläubigen reden, die Gottheit durch die Werke der Natur zu beweisen. Ihr Unternehmen würde mich nicht erstaunen, wenn sie zu Gläubigen sprächen, denn sicher ist, daß die, die von Herzen gläubig sind, allsogleich erkennen, daß alles, was ist, nichts als Werk des Gottes ist, den sie verehren."[116]

Gottesbeweise vermögen nur den schon gläubigen Christen von der Existenz und dem Wesen Gottes zu überzeugen, da diese schon durch ihren Glauben um Gottes Existenz wissen und ohnehin alles, was sie in der Welt sehen, als Werk Gottes interpretieren. Gläubige verstehen und erkennen die Überzeugungskraft eines Gottesbeweises – doch was nützt er ihnen? Er gibt ihnen nicht mehr, als sie durch ihren Glauben schon wissen. Als Mittel zur Verteidigung des Glaubens nützt der Gottesbeweis nichts, da die Ungläubigen seine Überzeugungskraft nicht sehen, da sie nicht automatisch alles als Werk Gottes interpretieren. Glauben ist zentrale Vorbedingung für das Verstehen und das Wirken eines Gottesbeweises – und da Gottesbeweise zumeist auf den Ungläubigen einwirken sollen, sind sie von vorn herein nutzlos.

Im oben zitierten Fragment 556 äußerte PASCAL, daß er in den *»Pensées«* nicht versuchen wolle, die Existenz Gottes zu beweisen; mit dem Hinweis auf die Nutzlosigkeit des metaphysischen Gottesbeweises liegt bereits ein ganz praktischer Grund für diese ablehnende Haltung vor. Wie im folgenden Fragment deutlich wird, bedingt aber nicht nur dieser Aspekt, sondern ebenso der Zustand der Welt – vor allem die chaotische Natur – die fehlende metaphysische Intention:

> „[...] Wohin ich auch schaue, ich finde ringsum nur Dunkelheit. Nichts zeigt mir die Natur, was nicht Anlaß des Zweifels und der Beunruhigung wäre; fände ich gar nichts, was eine Gottheit zeigt, würde ich mich zur Verneinung entscheiden; sähe ich überall die Zeichen eines Schöpfers, so würde ich gläubig im Frieden ruhen. Da ich zu viel sehe, um zu leugnen, und zu wenig, um gewiß zu sein, bin ich beklagenswert [...]."[117]

Die Erfahrungen, die die Natur für den Gläubigen bereit hält, sind sehr widersprüchlich: Auf der einen Seite herrscht ein undurchdringliches Chaos, das den

---

[115] Der Herausgeber der »Pensées« bemerkt hierzu, Pascal beziehe auf de Charron (1541-1603) und Grotius (1583-1645). Das zitierte Fragment 242 (Laf. 781) folgt in der Handschrift der *»Pensées«* unmittelbar auf das Fragment 62 (Laf. 780), dort werden ›diese Leute‹ aufgrund ihrer literarischen Schwächen und ihrer problematischen Abhandlung der Selbsterkenntnis von Pascal kritisiert. Ebd., vgl. Anmerkung 1 zu S. 130. S. 468/469.
[116] Ebd., Fragment 242 (Laf. 781). S. 130.
[117] Ebd., Fragment 229 (Laf. 429). S. 119.

Gedanken an die Existenz eines Gottes abwegig erscheinen läßt, auf der anderen Seite gibt es jedoch schwache Anzeichen für die Existenz eines Gottes. Der Mensch ist durch diese Widersprüche verwirrt und elend, vor allem aber ist ihm der definitive Beweis der Existenz Gottes aus der Betrachtung der Natur unmöglich. (Trost und Sicherheit, der der Mensch wegen seiner elenden Lage bedarf, findet er indes im Glauben.) – Doch selbst wenn der Mensch Gottes Wirken in der Welt deutlich vor Augen hätte, würde der durch die Betrachtung der Natur geführte Beweis nicht das *wahre Wesen* Gottes treffen:

> „[...] Der Gott der Christen ist nicht einfach ein Gott als Urheber der geometrischen Wahrheiten und der Ordnung der Elemente; [...]. [...] Sondern der Gott Abrahams, der Gott Isaaks, der Gott Jakobs, der Gott der Christen ist ein Gott der Liebe und des Trostes, ist ein Gott, der die Seele und das Herz derjenigen erfüllt, die er besitzt, ist ein Gott, der sie im Innern ihr Elend und seine unendliche Barmherzigkeit spüren läßt, der sich in der Tiefe ihrer Seele ihnen vereint und sie mit Demut, Freude, Vertrauen und Liebe erfüllt und sie unfähig macht, ein anderes Ziel zu haben als ihn."[118]

Wer die Natur als Beweisgrundlage Gottes benutzt, wird nur ein abstraktes Abbild seiner erhalten, ein auf naturwissenschaftliche und mathematische Gesetze reduziertes Sein. PASCALS Gott ist anders, sein Wesen beschränkt sich nicht auf diese wissenschaftliche Ebene: Liebe und Trost, Vertrauen und Freude sind die Begriffe, die PASCAL mit ihm verbindet. So kommt er zu einer Unterscheidung, die sich im eben zitierten Fragment 556, aber auch im *»Mémorial«* findet:

> „[...] »Gott Abrahams, Gott Isaaks, Gott Jakobs«, nicht der Philosophen und Gelehrten. [...] Nur auf den Wegen, die das Evangelium lehrt, ist er zu finden."[119]

Philosophen und Gelehrte reduzieren die Erkenntnis Gottes auf eine theoretische, wissenschaftliche Ebene, sie sehen Gott als Ordner der Elemente, als Gestalter der Natur, als Konstrukteur der Welt. Gott wirkt bei den Philosophen und Gelehrten selbst wie ein Wissenschaftler – und dies ist eine Ebene, die PASCAL als zu reduziert, als zu beschränkt erscheint. Sein Gott, der ›Gott Isaaks, Abrahams und Jakobs‹ beschränkt sich nicht auf die Funktion eines Mathematikers oder Ingenieurs; sein Gottesbegriff erweitert sich um eine emotionale, seelische Dimension. Diese Wesenszüge Gottes findet der Mensch nicht in der Natur, sondern unmittelbar und ausschließlich in seinem Glauben. – In dieser Unterscheidung zwischen dem Gott der Philosophen und PASCALS Gott liegt letztendlich begründet, warum PASCAL

---

[118] Ebd., Fragment 556 (Laf. 449). S. 252/253.
[119] PASCAL: *Mémorial*. [1654] In: *Pensées*. [1670] Hrsg. von E. Wasmuth. Heidelberg ⁷1972. S. 248.

den metaphysischen Gottesbeweis ablehnt und sich selbst nicht um einen solchen bemühen will. Zur Beweisführung stehen dem Menschen lediglich seine menschlichen Fähigkeiten zur Verfügung; der Mensch kann sich Gott nur mit Wissenschaft und Philosophie, mit geometrischen Methoden und Theorien nähern, wenn er sich um einen gesicherten Beweis bemühen will. Durch die Anwendung dieser Methoden ist PASCALS Gott jedoch nicht erkennbar – er läßt sich nicht auf eine mathematische Ebene reduzieren, sondern besitzt als herausragendes Merkmal eine emotionale Dimension, die der Mensch im Glauben zwar erfahren, nicht aber mittels der Wissenschaft beweisen kann. PASCALS Gott ist unbeweisbar, daher lehnt PASCAL den Gottesbeweis für sich selbst ab.

Ebenso hält PASCAL die Versuche der Philosophen, Gott beweisen zu wollen, für aussichtslos und nutzlos: *Aussichtslos* sind die Gottesbeweise der Philosophen, weil sie ein falsches, zu eingeschränktes Bild Gottes besitzen, weil sie sich allein auf wissenschaftliche Methoden verlassen und weil sie den Mittler zwischen Mensch und Gott, Jesus Christus, außer Acht lassen. *Nutzlos* sind die metaphysischen Gottesbeweise indes, weil sie durch ihre Nähe zu Philosophie und Wissenschaft zu komplex und zu verwirrend sind, weil ihre Überzeugungswirkung nie lange anhält und weil das in ihnen dargelegte nur dem schon Gläubigen einleuchtend erscheint.

3.2.2 Pascals Auseinandersetzung mit dem Gottesbeweis René Descartes'

Alle bisher zitierten Äußerungen PASCALS zum Thema des Gottesbeweises sind allgemein gehalten, sie betreffen den Gottesbeweis an sich, ohne auf ein konkretes Beispiel einer solchen Konzeption zu verweisen. In den *»Pensées«* geht PASCAL jedoch auch ausdrücklich auf den von RENÉ DESCARTES (1596-1650) durchgeführten Beweis ein – dieser ist für PASCAL ein Beispiel für den metaphysischen Gottesbeweis, mit dem das wahre Wesen Gottes niemals erkannt werden kann. Bevor PASCALS Kritik an DESCARTES' Gottesbeweis dargestellt werden kann, muß dieser Beweis selbst dargelegt werden; er findet sich in der 1641 erschienenen Schrift *»Meditationen über die Grundlagen der Philosophie«*, interessant ist in diesem Kontext vor allem die *Dritte Meditation*.[120]

---

[120] An dieser Stelle sollte darauf hingewiesen werden, daß Descartes in seinen *»Meditationen«* an zwei Stellen die Existenz Gottes zu beweisen sucht: Neben dem hier zu behandelnden Auszug aus der 3. Meditation geht auch die 5. auf dieses Thema ein – dort schließt Descartes aus der Unteilbarkeit von göttlichem Dasein (existentia) und Wesenheit (essentia) auf die notwendige Existenz Gottes (DESCARTES: *Meditationen*. [1641] Hrsg. von A. Buchenau. [1915] Hamburg 1972. S. 55f. V, §7f.). Ich beschränke mich hier jedoch auf den Gottesbeweis der 3. Meditation, da sich Pascal allein auf diesen bezieht.

Theoretische Grundlage von DESCARTES' Gottesbeweis ist eine Proportionalität von Ursache und Wirkung bezüglich der Ideen, die der Mensch von Dingen besitzt. – Nach DESCARTES findet sich im Menschen das Bewußtsein von Dingen, wobei dieses Bewußtsein die Form einer Idee hat: Es ist unmittelbar gegeben und umfaßt vor allem „Operationen des Willens, des Verstandes, der Einbildung und der Sinne"[121], also Bewußtseinsinhalte. Diese Ideen können verschiedene Ursprünge haben:

> „Von diesen Ideen aber, scheint es, sind die einen mir eingeboren, andere von außen hinzugekommen, wieder andere von mir selbst gemacht."[122]

So gehören Begriffe wie ›Wahrheit‹ und ›Bewußtsein‹ zu den dem Menschen ›eingeborenen‹ Ideen, der Eindruck von Wärme und Kälte zu den ›von außen hinzugekommenen‹ und Phantasiewesen wie Chimären zu den vom Menschen ›selbst gemachten‹ Ideen. – Die verschiedenen Arten von Ideen besitzen verschiedene Dimensionen von *objektiver Realität:* Die vom Menschen selbst erzeugten Ideen haben keine Realität bzw. Existenz außerhalb des Menschen: Chimären existieren nur in seiner Phantasie. Die von außen in den Menschen gelegten Ideen referieren dagegen auf natürliche Dinge und besitzen als solche eine objektive Realität: Die Idee von Kälte entsteht allein durch Kontakt mit natürlichen Gegebenheiten. Die dem Menschen eingeborenen Ideen sind komplexer: Sie können eine Entsprechung in der Realität besitzen, können aber ebenso auch nur als Idee im Menschen existieren. Wenn dem Menschen eingeborene Ideen *keine* Entsprechung in der Realität haben, liegen sie dem Menschen *widerspruchsfrei* vor, der Mensch kann „unter ihnen keinerlei Ungleichheit"[123] entdecken. Wenn die im Menschen eingeborene Idee jedoch etwas außerhalb des Menschen existierendes umschreibt, wenn sie *repräsentiert,* dann ist diese im Menschen eingeborene Idee Entsprechung eines real existierenden Dings, Wirkung einer natürlichen Ursache. Das real existierende Ding *bewirkt* in diesem Fall das Eingeboren-Sein der Idee im Menschen, das real existierende Ding ist Ursache der Idee – *das Ding ist wirkende Ursache.* Im Gegensatz zur eingeborenen Idee *ohne* natürliche Entsprechung ist die eingeborene Idee *mit* natürlicher Entsprechung nicht widerspruchsfrei – wie noch deutlicher werden wird.

DESCARTES geht nun davon aus, daß die im Menschen vorgefundene, eingeborene Idee real ist, und daß dementsprechend ebenfalls die *Ursache* dieser Idee, das

---

[121] DESCARTES: *Meditationen.* [1641] Hrsg. von A. Buchenau. [1915] Hamburg 1972. S. 145.
[122] Ebd., S. 30. III, §13.
[123] Ebd., S. 32. III, §19.

Ding, real vorhanden und faktisch existent sein muß – denn wo sollte diese Idee im Menschen sonst herkommen?

> „Nun ist es vermöge der natürlichen Einsicht offenbar, daß zum mindesten ebensoviel Realität in der gesamten wirkenden Ursache (causa efficiens) vorhanden sein muß, wie in der Wirkung eben dieser Ursache. Denn ich möchte wohl wissen, wovon sonst die Wirkung ihre Realität hernehmen sollte, als von der Ursache?"[124]

(Diese Wechselbeziehung von Ursache und Wirkung gilt für die eingeborenen Ideen mit natürlicher Entsprechung, aber ebenso für die Ideen, die dem Menschen nachgebürtlich von außen zugetragen werden, etwa für die Idee der Kälte.) Ideen mit natürlicher Entsprechung haben also eine objektiv und real existierende Ursache. Das *Verhältnis*, die *Proportionalität* zwischen Ursache und bewirkter Idee beschreibt DESCARTES so, daß die Idee im Menschen nie vollkommener sein kann, als das real existierende Ding; schließlich kann der Eindruck des Menschen von einem Gegenstand oder Sachverhalt nicht wahrer oder vollkommener sein als das Ding selbst:

> „So leuchtet es mir vermöge der natürlichen Einsicht ein, daß die Ideen in mir gleichsam Bilder sind, die zwar leichtlich hinter der Vollkommenheit der Dinge zurückbleiben mögen, denen sie entnommen sind, die aber nicht irgend etwas Größeres oder Vollkommeneres enthalten können."[125]

Hier liegt der Grund, warum diese Art von Ideen zwar eingeboren ist, aber zudem auch eine Entsprechung in der Wirklichkeit hat: Die nur im Bewußtsein des Menschen existierenden eingeborenen Ideen sind homolog, der Mensch kennt sie nur aus sich selbst heraus und daher völlig widerspruchsfrei. Die eingeborenen Ideen mit natürlicher Entsprechung dagegen müssen im Menschen nicht notwendig genau so vorliegen, wie sie sich in der Natur finden; Abweichungen sind möglich. Sie können mit dem real existierenden Objekt übereinstimmen, oder aber weniger vollkommen sein; allein größere Vollkommenheit ist nicht denkbar. – Wenn sich im Menschen eine Idee findet, die in der Realität vollkommener ist als im Bewußtsein des Menschen, hat diese Idee ihren Ursprung notwendig im natürlichen Objekt und nicht im Bewußtsein des Menschen:

> „Nun, wenn die objektive Realität irgendeiner meiner Ideen so groß ist, daß ich dessen gewiß bin, daß diese weder in formaler noch in eminenter Weise in mir enthalten ist, daß folglich ich selbst nicht die Ursache dieser Idee sein kann, so folgt dar-

---

[124] Ebd.
[125] Ebd., S. 34. III, §22.

> aus notwendig, daß ich nicht allein in der Welt bin, sondern daß auch irgendeine andere Sache, welche die Ursache dieser Idee ist, existiert,"[126]

Wenn der Mensch nun eine Idee von *Gott* besitzt und feststellt, daß diese Idee in der Realität sehr viel vollkommener niedergelegt ist als in seinem Bewußtsein, so muß er daraus schließen, daß seine Idee von Gott nur ein beschränktes Abbild dieser vollkommenen Idee ist und daß Gott als Ursache dieser bewirkten Idee notwendig real existiert.

> „Unter dem Namen Gottes verstehe ich eine Substanz, die unendlich, unabhängig, von höchster Einsicht und Macht ist, und von der ich selbst geschaffen worden bin, ebenso wie alles andere Existierende [...]. Und wahrlich! dies alles ist solcher Art, daß, je sorgfältiger ich es erwäge, es um so unmöglicher scheint, daß es von mir selbst hervorgegangen wäre. Man muß daher aus dem Zuvorgesagten schließen, daß Gott notwendig existiert." [127]

Am Beispiel Gott ist es vor allem das Element der *Unendlichkeit,* welches dem Menschen aufzeigt, daß es einen real existierenden Gott geben muß: Der Mensch besitzt eine Idee vom Unendlichen, ist selbst aber begrenzt und endlich – die Idee vom Unendlichen muß daher von außen, besser: vom unendlichen Wesen selbst, in den Menschen gelegt worden sein; die Idee vom Unendlichen muß von etwas Unendlichem herrühren.

> „Denn wenngleich die Idee der Substanz in mir ist, eben darum weil ich selbst eine Substanz bin, so wäre es doch nicht die Idee der unendlichen Substanz, da ich endlich bin, wenn sie nicht von irgendeiner Substanz herrührte, die in Wahrheit unendlich ist."[128]

Da die Wechselbeziehung zwischen natürlicher Ursache und Wirkung im Bewußtsein des Menschen für die von außen herangetragenen Ideen, aber auch für die eingeborenen Ideen mit natürlicher Entsprechung gilt, untersucht DESCARTES im Anschluß an dieses Postulat der notwendigen Existenz Gottes, welcher Art die Idee vom Göttlichen im Menschen angehört. Da sie eine vollkommenere Entsprechung in der Realität besitzt, ist es unmöglich, daß diese Idee aus dem Bewußtsein des Menschen stammt, wie etwa die von Chimären. Die von außen herangetragenen, nicht eingeborenen Ideen entstehen, wenn der Mensch – freiwillig oder unfreiwillig – „wider Erwarten"[129] mit natürlichen Erfahrungen konfrontiert wird: So bildet sich

---

[126] Ebd., S. 34. III, §23.
[127] Ebd., S. 36/37. III, §27.
[128] Ebd., S. 37. III, §27.
[129] Ebd., vgl. S. 42. III, §41.

die Idee von Kälte durch die Erfahrung der Kälte. Dies ist bei der Idee von Gott nicht der Fall, da DESCARTES davon ausgeht, daß der Mensch mit der Idee von Gott *nicht* plötzlich konfrontiert wird:

> „Es bleibt demnach nur übrig, daß sie mir eingeboren ist, ebenso wie mir auch die Idee meiner selbst eingeboren ist."[130]

Im vorliegenden Kontext, wo es um PASCALS Kritik am Gottesbeweis des DESCARTES geht, kann diese knappe Darstellung der Argumentation DESCARTES' genügen. Es wurde deutlich, daß DESCARTES Gottes Existenz als notwendig beweist, indem er die Idee vom Göttlichen im Menschen als unmöglich dem menschlichen Denken selbst entstammend beweist: Der endliche Mensch kann unmöglich eine Idee vom Unendlichen entwickeln, daher muß diese Idee vom unendlichen Wesen selbst – sprich: von Gott – in den Menschen gelegt worden sein. Folglich muß Gott als Ursache der Idee vom Göttlichen im Menschen notwendig real existieren.

Diese Form des Gottesbeweises meint PASCAL, wenn er in den *»Pensées«* den metaphysischen Beweis anspricht; ebenso wie er DESCARTES' Gottesbegriff intendiert, wenn er vom ›Gott der Gelehrten und Philosophen‹ im Gegensatz zum ›Gott Isaaks, Jakobs und Abrahams‹ spricht. Zentraler Kritikpunkt PASCALS an der Philosophie DESCARTES' ist vor allem die nach PASCAL zu bescheidene, zu reduzierte Position, die Gott in DESCARTES' Weltbild einnimmt:

> „Das kann ich Descartes nicht verzeihen. Er hätte am liebsten in seiner ganzen Philosophie Gott nicht bemüht; er aber kam doch nicht umhin, ihn der Welt, um sie in Bewegung zu setzen, einen Nasenstüber geben zu lassen; danach hat er nichts mehr mit Gott zu tun."[131]

Nach PASCAL wird Gott bei DESCARTES als letzter Beweggrund der Welt gesehen, als solcher nimmt er eine zwar notwendige, aber dennoch nicht wirklich wichtige, verehrungswürdige Rolle ein – seine Funktion beschränkt sich darauf, Beweger der Welt in einem philosophischen System zu sein. PASCAL wirft DESCARTES vor, er bediene sich Gott, um das entworfene Weltsystem zu begründen und zu bewegen – diese Rolle Gottes ist rein funktional, er ist nicht mehr als das zentrale Rädchen in einer Maschine. Für PASCAL greift dieser Gottesbegriff eindeutig zu kurz, Gott wird funktionalisiert und in ein vom Menschen konzipiertes System eingefügt. DESCARTES geht es nicht um Gott selbst, sondern nur um seine Rolle im Weltsy-

---

[130] Ebd., S. 42. III, §41.
[131] PASCAL: *Pensées*. [1670] Hrsg. von E. Wasmuth. Heidelberg [7]1972. Fragment 77 (Laf. 1001). S. 52/53.

stem; DESCARTES nähert sich Gott nicht um seiner selbst willen, sondern nur aus rein wissenschaftlichem Interesse.

Das auf rein wissenschaftliche Erkenntnis ausgerichtete Interesse DESCARTES' gegenüber Gott ist dabei vor DESCARTES' Wissenschaftsbegriff wie auch angesichts seiner Interpretation von Theologie und Philosophie vollkommen begründet: DESCARTES versuchte, die rationalistischen und induktiven Methoden der Wissenschaft, insbesondere die der Mathematik, auf die Philosophie zu übertragen; eine Methodik, die vor allem deshalb wirkungsgeschichtlich bedeutsam wurde, weil sie die eher mit dem Vergleich und der Interpretation von Lehrmeinungen arbeitende Scholastik überwand. DESCARTES überträgt die Suche nach Beweisen von der Arithmetik und der Geometrie auf andere Wissenschaftszweige, vor allem eben auf Philosophie und Theologie – und eben diesen Schritt geht PASCAL nicht mit. Selbst wenn PASCAL mit *»De l'esprit géométrique et de l'art de persuader«* eine Methodenschrift verfaßte, die vom *»Discours de la Méthode«* [1637] des DESCARTES gar nicht so weit entfernt erscheint, klammert PASCAL Gott dort doch ausdrücklich aus den untersuchbaren Gegenständen aus, während DESCARTES ihn ebenso ausdrücklich mit einbezieht. PASCAL geht davon aus, daß Gott vom Menschen weder hinsichtlich seines Daseins noch seines Wesens erkannt, geschweige denn bewiesen werden kann: Die dem Menschen zur Verfügung stehenden rationalen Mittel wie Vernunft, Philosophie und Wissenschaft scheitern am Gegenstand Gott, weil Gott und Mensch wesensmäßig völlig verschieden sind und weil es dem endlichen Menschen niemals gelingen kann, sich das unendliche Wesen Gott zu erschließen. DESCARTES dagegen überträgt die mathematischen Methoden ohne Ausnahme auf Philosophie und Theologie: Gott stellt für die Erkenntnis des Menschen höchstens insofern einen Sonderfall dar, daß es sich hierbei um einen sehr komplexen Gegenstand handelt; von der Unmöglichkeit, Gott mit der menschlichen Vernunft zu beweisen oder zu erkennen, geht DESCARTES jedoch nicht aus – ganz im Gegenteil, wie der von ihm durchgeführte Gottesbeweis belegt.

Der Grund, warum DESCARTES und PASCAL, die sich in ihrem rein methodischen Ansatz gar nicht so fern sind, sich bei der Frage nach der wissenschaftlichen Erreichbarkeit Gottes so stark widersprechen, könnte darin liegen, daß diese beiden Denker verschiedene *Gottesbegriffe* besitzen. PASCALS Gott ist jansenistisch geprägt: Sein Handeln und seine Güte sind unergründlich, die letzte, ewige Gnade widerfährt nur wenigen, auserwählten Menschen. Sein Schicksal nach dem Tod vermag der Mensch weder zu kennen, noch zu beeinflussen, er ist durch Gott zur Glückseligkeit oder zur Verdammnis prädestiniert. Wegen der Unergründlichkeit des göttlichen Handelns empfindet der Mensch eine starke Ungewißheit und verharrt Gott

gegenüber in Demut. Diese Demutshaltung ist ganz und gar nicht vereinbar mit dem Versuch, mittels Wissenschaften wie Philosophie und Mathematik Gott zu einem Gegenstand des menschlichen Erkenntnisinteresses zu machen; PASCALS jansenistischer Gottesbegriff verbietet ihm jede epistemische Annäherung an Gott.
– DESCARTES' Gottesbegriff ist sehr viel konkreter: Hier erscheint Gott vor allem als welterschaffender Ingenieur, als Mathematiker und Wissenschaftler, als „Schöpfer aller außer ihm vorhandenen Dinge"[132]. Gott ist der Schöpfer und Beweger der Welt, seine Werke spiegeln sich in der Natur wieder, auch der Mensch ist erkennbares Produkt Gottes, ist „nach seinem Bilde und seiner Ähnlichkeit geschaffen"[133]. Wo PASCAL alles auf die Hoffnung einer glückseligen Ewigkeit, auf den Erhalt des höchsten Guts im Jenseits richtet, kann sich DESCARTES im Diesseits schon erfreuen: „[...] so machen wir auch jetzt schon die Erfahrung, daß wir aus dem gegenwärtigen, wenn auch viel unvollkommeneren Anschauen die höchste Lust schöpfen können, zu der wir in diesem Leben fähig sind."[134] Wo Gott für PASCAL unbegreifbar und unbeweisbar ist, kann der Mensch bei DESCARTES gesicherte Aussagen über Gottes Dasein machen. – *Die Gottesbegriffe bestimmen die Art, wie man sich Gott nähern kann – und so ist DESCARTES' Gott mit geometrischer Methodik erfaßbar, während sich PASCALS Gott dem menschlichen Erkenntnisvermögen entzieht.*

Beide Konzeptionen, die von DESCARTES wie auch die von PASCAL, sind somit methodisch und inhaltlich stringent, ihre jeweilige Haltung zur Frage nach der Möglichkeit, Gott im Diesseits zu erkennen, resultiert unmittelbar aus ihrem jeweiligen Gottesbegriff: DESCARTES' Gott ist mit menschlichen Mitteln beweisbar, PASCALS Gott ist es nicht. Wenn PASCAL den Gottesbeweis DESCARTES' ablehnt, referiert diese Ablehnung nicht auf den Gottesbeweis selbst, auf seine Methodik, seine Struktur etc., sondern zielt auf DESCARTES' Gottesbegriff ab. PASCAL interpretiert Gott völlig anders, er stellt seinen abstrakten und unergründlichen Gott dem mathematischen und erkennbaren Gott der Philosophen gegenüber. Und so, wie PASCAL seinen Gottesbegriff dem des DESCARTES gegenüberstellt, so steht seine ›Wette‹ dem metaphysischen Gottesbeweis gegenüber. Die ›Wette‹ resultiert aus PASCALS Ablehnung des Gottesbeweises: Sie soll den Nutzen erbringen, den der Gottesbeweis nicht gebracht hat, nämlich die dauerhafte Verteidigung des christlichen Glaubens. Sie soll allgemeinverständlich sein, weil der Gottesbeweis des DESCARTES dies nicht ist, sie soll nicht auf die Natur als Beweisgrund referieren,

---

[132] DESCARTES: *Meditationen.*[1641] Hrsg. von A. Buchenau. [1915] Hamburg 1972. S. 32. III, §19.
[133] Ebd., S. 42. III, §42.
[134] Ebd., S. 43. III, §43.

weil der Gottesbeweis des DESCARTES auf der Natur basiert. – Auch wenn PASCALS ›Wette‹ auf einem komplexen, durch Demut und Unergründlichkeit charakterisierten Gottesbegriff beruht, erscheint sie in ihrer Intention sowie in ihrer gesamten Struktur letztendlich doch viel konkreter und pragmatischer als der Gottesbeweis des DESCARTES: Wo DESCARTES die Existenz Gottes beweisen will, intendiert PASCAL ›nur‹ den Beweis der Nützlichkeit der Annahme der Existenz Gottes.

3.2.3 Intendiert die ›Wette‹ einen Gottesbeweis? Antworten der Literatur

Studiert man die Äußerungen von Interpreten der *»Pensées«* zur Frage nach der ›Wette‹ als Gottesbeweis, so wird schnell deutlich, daß sie fast einhellig die Meinung vertreten, PASCAL habe mit dem Fragment 233 *keinen Beweis* intendiert. Beispielhaft für die oftmals sehr ähnlichen Negationen einer Beweisintention der ›Wette‹ in der Sekundärliteratur möchte ich hier drei prägnante Aussagen zitieren. Die erste stammt aus NICOLAS RESCHERS Werk *»Pascal's Wager«* [1985]:

„The argument is nondemonstrative; it does not substantiate its conclusion – the existence of God – directly. Its impetus is *noncognivistic*. When all is said and done, we cannot, on the basis of this argument, say that *we know that God exists.*"[135]

Nach RESCHER soll und kann aus dem Argument der ›Wette‹ kein Gottesbeweis abgeleitet werden; die ›Wette‹ hat keinen intendierten Beweischarakter. Die Frage, wo denn die Intention dieses Fragments liege, beantwortet RESCHER wie folgt:

„The job of the Wager argument is simply to establish that belief is rationally warranted."[136]

Rechtfertigung des Glaubens als rational sowie Verdeutlichung der Attraktivität der Annahme der Existenz Gottes ist nach RESCHER Sinn und Zweck der ›Wette‹ – eine Intentionsbestimmung, die ich anhand der bisherigen Erkenntnisse unterstützen würde. – Ganz ähnlich äußerte sich auch schon JEAN STEINMANN in seinem 1954 erschienen Werk *»Pascal«*:

„Die Wette bezeichnet ein ganzes Bündel von Vernunftgründen, die dazu bestimmt sind, einen Agnostiker zu veranlassen, praktisch nach der christlichen Moral zu leben. Das ist alles. Es wäre durchaus widersinnig, sie als ein Argument zum Beweis der Existenz Gottes umzudeuten."[137]

---

[135] RESCHER: *Pascal's Wager*. Notre Dame 1985. S. 20.
[136] Ebd., S. 17.
[137] STEINMANN: *Pascal*. Stuttgart 1954. S. 307.

3. Spezielle Fragen zur »Wette«

In dieser Interpretation steht die Überzeugung des Atheisten von der Nützlichkeit und Rationalität der Annahme der Existenz Gottes im Mittelpunkt der Intention der ›Wette‹; die Möglichkeit einer Interpretation dieses Fragments als Gottesbeweis wird kategorisch ausgeschlossen.

Eine Untersuchung, die sich *für* eine Sicht der ›Wette‹ als Gottesbeweis ausspricht, scheint man dagegen bei ROMANO GUARDINI zu finden – doch auch er muß später von einer solchen Interpretation Abstand nehmen, sie stark einschränken. In seiner Schrift *»Christliches Bewußtsein – Versuche über Pascal«* (⁴1991) bezeichnet GUARDINI die ›Wette‹ einleitend als „Gottesbeweis aus den Chancen einer den Sinn des Daseins betreffenden Wette"[138] und setzt sie im historischen Kontext zwischen ANSELM VON CANTERBURYS (1033-1109) ›Ontologischen Gottesbeweis‹ und SÖREN KIERKEGAARDS (1813-1855) ›Absolutes Paradox‹, zwei „nicht viel besser verstandenen Ideen"[139]. Ich möchte GUARDINIS ausführliche Diskussion der Gemeinsamkeiten und Unterschiede dieser drei Ansätze hier nicht vollständig darlegen, allein die Ergebnisse seien kurz umrissen:

Daß ANSELM mit seiner Schrift *»Proslogion seu alloquium de Dei existentia«* einen Gottesbeweis intendierte, steht fest; seine Methodik gilt als klassisch. ANSELM versteht Gott als ein Wesen, „über dem nichts Größeres gedacht werden kann"[140]. Dieses Wesen kann unmöglich nur im menschlichen Verstand existieren, weil der Mensch diese Definition Gottes gedanklich noch vergrößern kann – etwa dadurch, daß er ihm eine reale Existenz zuspricht. Unter der Voraussetzung, daß eine Existenz *außerhalb* des menschlichen Verstandes größer ist als eine, die nur *innerhalb* des menschlichen Verstandes besteht, kann man an der Existenz Gottes nicht zweifeln, weil man sonst davon ausgehen müßte, daß es etwas größeres gibt als ein Wesen, das von nichts denkbar Größerem überragt werden kann. Folglich ergibt sich, daß Gott notwendigerweise existiert.

> „Wenn also »das, über dem Größeres nicht gedacht werden kann«, im Verstande allein ist, so ist eben »das, über dem Größeres nicht gedacht werden kann«, über dem Größeres gedacht werden kann. Das aber kann gewiß nicht sein. Es existiert also ohne Zweifel »etwas, über dem Größeres nicht gedacht werden kann«, sowohl im Verstande als auch in Wirklichkeit."[141]

---

[138] GUARDINI: *Christliches Bewußtsein.* [1935] Mainz/ Paderborn ⁴1991. S. 153.
[139] Ebd., S. 154.
[140] ANSELM VON CANTERBURY: *Proslogion.* Hrsg. von P. Schmitt. Stuttgart 1962. Kapitel II. S. 85.
[141] Ebd., Kapitel II. S. 85/87.

SÖREN KIERKEGAARDS Werk »*Philosophische Brocken*« (1844) spricht sich im Gegensatz zu ANSELMS offensichtlicher Beweisintention deutlich gegen den Gottesbeweis aus:

> „So laßt uns denn dies Unbekannte den Gott nennen. Es ist bloß ein Name den wir ihm damit geben. Beweisen zu wollen, daß dies Unbekannte (der Gott) da ist, kommt dem Verstande wohl kaum bei. Wofern nämlich der Gott nicht da ist, so ist es ja eine Unmöglichkeit es beweisen zu wollen, aber ist er da, so ist es ja eine Torheit es beweisen zu wollen; denn eben in dem Augenblick, wo der Beweis beginnt, habe ich es vorausgesetzt, nicht als zweifelhaft [...], sondern als ausgemacht, dieweil ich sonst nicht beginnen würde, leicht einsehend, daß das Ganze eine Unmöglichkeit werden würde, wenn Er nicht da wäre."[142]

Auch wenn ANSELMS Gottesbeweis sich von der eher ablehnenden Haltung KIERKEGAARDS und PASCALS sichtlich unterscheidet, macht GUARDINI zwischen den drei Gedankengängen eine große Verwandtschaft aus: Alle drei besitzen einen „ontischen Charakter der Denkerfahrung"[143], zeichnen sich durch einen „intensiv dynamischen Charakter"[144] aus und werden getragen von „stärkster religiöser Beteiligung"[145]. Zudem entspringen alle drei der gleichen Frage: „Wie steht der Mensch zu Gott, wenn Gott unangetastet Gott, und der Mensch ohne Lüge und Überhebung Mensch bleibt?"[146] – ANSELM, PASCAL und KIERKEGAARD stellten sich diese Frage in verschiedenen Epochen, kommen aber, nach der Meinung GUARDINIS, zu ganz ähnlichen Konzeptionen:

> „Dann entstehen Gebilde wie unsere drei Versuche. Anselms ontologischer Gottesbeweis, Pascals Argument der Wette und Kierkegaards absolutes Paradox sind Ausdruck stärkster religiöser, vielleicht sogar mystischer Erfahrung, die sich auf die Frage wirft, wie der Weg vom Endlichen zum Absoluten geht. Dabei entsteht eine beweisähnliche Struktur: Der scheinbare Nachweis, daß Gott ist; daß er Dieser und Dieses ist. In Wahrheit ist es kein Beweis im üblichen Sinne des Wortes."[147]

Nach der Betrachtung der Argumentation der ›Wette‹ im Vergleich mit KIERKEGAARDS ›Absolutem Paradox‹ und ANSELMS ›Ontologischem Gottesbeweis‹ muß GUARDINI sein einleitendes Postulat, bei der ›Wette‹ handele es sich um einen Gottesbeweis, schließlich revidieren. Schon aus obiger Passage wird deutlich, daß GUARDINI der ›Wette‹ keine Beweisintention unterstellt, sondern lediglich von ei-

---

[142] KIERKEGAARD: *Philosophische Brocken*. [1844] Düsseldorf/ Köln 1960. S. 37.
[143] GUARDINI: *Christliches Bewußtsein*. [1935] Mainz/ Paderborn ⁴1991. Vgl. S. 178.
[144] Ebd., S. 179.
[145] Ebd., S. 182.
[146] Ebd., S. 184.
[147] Ebd., S. 185/186.

ner *beweisähnlichen Struktur* spricht. Unter Beachtung der Tatsache, daß in der ›Wette‹ der Glauben anhand einer Einsatz-Nutzen-Kalkulation als pragmatisch und lohnend bewiesen wird, kann man dieser Interpretation GUARDINIS durchaus zustimmen. So beschließt GUARDINI seine Betrachtung der ›Wette‹ denn auch mit folgendem Urteil:

„Daß es sich im dargelegten Gedankengang [der ›Wette‹] um keinen »Beweis« im eigentlichen Sinne des Wortes handelt, ist klar."[148]

„Bringen wir uns die Bahn dieser Bewegung [der Argumentation in der ›Wette‹] zu Bewußtsein, so führt sie bis dorthin, wo der ontologische Beweis einsetzte. [...] Das Pascalsche Argument gelangt streng genommen nur zum ersten Fußfassen in der Wirklichkeit Gottes; über seine Wesenheit spricht es nicht."[149]

Diese abschließende Interpretation GUARDINIS deckt sich weitgehend mit der der anderen Interpreten des Fragments 233 und auch mit der Intention der ›Wette‹, die in dieser Arbeit bisher erarbeitet wurde. Gott wird in PASCALS ›Wette‹ nicht als existent bewiesen, streng genommen ist er nicht einmal zentraler Gegenstand der Betrachtung – die Diskussion um die Existenz und die Problematik der Beweisbarkeit der Existenz Gottes dient PASCAL lediglich als Einleitung, als Rechtfertigung der ›Wette‹. *Die ›Wette‹ wurzelt in der Unbeweisbarkeit Gottes und versucht eben jene Lücke zu füllen, die seine fehlende objektive Präsenz hinterlassen hat.* Nicht die theoretische Vernunft versucht, Gott zu erfassen, vielmehr muß die Praktische sich fragen, was sie aufgrund der Unbeweisbarkeit der göttlichen Existenz tun kann. Gegenstand des PASCAL'schen Interesses ist nicht Gott, sondern der Mensch. Er will den Glauben verteidigen, indem er ihn mittels einer nachvollziehbaren Einsatz-Nutzen-Kalkulation vor dem Vorwurf der Irrationalität bewahrt.

3.2.4 Zusammenfassung

In diesem Kapitel ging es um eine Frage, die im Zusammenhang mit der Analyse des Fragments 233 im 2. Kapitel dieser Arbeit aufkam: PASCALS ›Wette‹ intendiert die rationale Begründung des Glaubens an Gott – beinhaltet die ›Wette‹ damit den Versuch eines Gottesbeweises?

Um diese Frage zu beantworten, wurden zunächst die einleitenden Passagen der ›Wette‹ sowie andere ausgewählte Fragmente aus den *»Pensées«* untersucht. Hier wurde deutlich, daß PASCAL eine zwiespältige Haltung zum Gottesbeweis einnimmt: Er lehnt einen Gottesbeweis *nicht* kategorisch ab, hält ihn *nicht* für absolut unmöglich – rein *theoretisch* kann der Mensch aus der ihn umgebenden Natur auf die

---
[148] Ebd., S. 166.
[149] Ebd., S. 169.

Existenz Gottes schließen. Der Gott, der mit diesem Beweis erreicht wird, ist jedoch ein auf mathematische, wissenschaftliche und philosophische Prinzipien reduzierter Gott, der Gott der Gelehrten und Philosophen. Diesen Gott intendierte DESCARTES mit seinem Gottesbeweis – und so benennt PASCAL in den *»Pensées«* DESCARTES' Nachweis der Existenz Gottes in den *»Meditationen«* als Beispiel für einen Gottesbeweis, der seiner Meinung nach nicht das wirkliche Wesen Gottes treffen kann: DESCARTES versuchte, einen mathematischen Gott mit mathematischen Prinzipien zu erreichen. Da sich DESCARTES einem anderen, nach PASCAL zu reduzierten Gott näherte, kritisiert PASCAL diesen Gottesbeweis nicht als wenig beweiskräftig oder argumentativ falsch – DESCARTES' Gottesbegriff und seine Vorgehensweise beim Gottesbeweis sind logisch miteinander verbunden. Was PASCAL an DESCARTES' Gottesbeweis bemängelt, ist seine *Komplexität* und die daraus resultierende *Nutzlosigkeit:* Der metaphysische Gottesbeweis ist zu verwickelt, um verstanden zu werden – und selbst wenn ihn jemand versteht, hält die bewirkte Überzeugung, die Verteidigung des Glaubens, nicht lange an.

PASCALS jansenistische Gottesvorstellung ist komplexer als der philosophische Gott des DESCARTES; PASCALS Gott zeichnet sich vor allem durch *Verborgenheit* und *Unergründlichkeit* aus. Dieser Gottesbegriff bestimmt PASCALS Ansichten über die *praktische* Durchführbarkeit des Gottesbeweises: Sein Gott, der nicht auf eine wissenschaftliche Ebene reduziert ist, ist mit den menschlichen Vernunftmitteln nicht erreichbar. So wie DESCARTES' Gottesbeweis aus seinem Gottesbegriff logisch herleitbar ist, kann man PASCALS Ablehnung des Gottesbeweises aus seinem Gottesbegriff ableiten: Dem endlichen Menschen ist es unmöglich, mit seiner endlichen Vernunft das unendliche, verborgene und unergründliche Wesen und Dasein Gottes zu ergründen. – Selbst wenn sowohl der *»Discours de la Méthode«* von DESCARTES als auch *»De l'esprit géométrique et de l'art de persuader«* von PASCAL die mathematische Wissenschaft und ihre Bedeutung für Denkprozesse jeder Art betonen, scheiden sich die Geister dieser Zeitgenossen doch an der Frage nach der Möglichkeit, Gott in diese neue methodische Konzeption einzubinden. PASCAL übernimmt seine durch den jansenistischen Glauben bedingte Unbegreifbarkeit Gottes in seine Methodenschrift, das von ihm postulierte systematische, methodisch strenge Vorgehen kann auf alle Bereiche des menschlichen Denkens angewandt werden – mit Ausnahme der Frage nach Gott. DESCARTES dagegen wendet seine mathematische Methode ganz selbstverständlich auf Gott an – und wie oben dargelegt wurde, sind beide Vorgehensweisen in sich schlüssig.

PASCALS ›Wette‹ resultiert aus der Ablehnung des metaphysischen Gottesbeweises, auch wenn ihre *Intention* mit der eines Gottesbeweises durchaus vergleichbar ist:

3. Spezielle Fragen zur »Wette«

Die ›Wette‹ versucht nicht, das Dasein Gottes zu beweisen, sie diskutiert nicht die Existenz Gottes, sondern die pragmatische Frage, ob es nützlich sei, die unbewiesene Existenz Gottes anzunehmen. Die Unbeweisbarkeit Gottes ist eine zentrale Grundvoraussetzung der ›Wette‹, basiert sie doch auf der Annahme, daß es dem Menschen unmöglich sei, die Existenz Gottes im Diesseits zu erkennen. Intentional verfolgt sie indes ein dem Gottesbeweis naheliegendes Ziel, nämlich die Verteidigung des Glaubens: Durch die in der ›Wette‹ enthaltene Einsatz-Nutzen-Kalkulation ist Glauben als nützlich begründbar; durch ihre an das Glücksspiel angepaßte, einfache Struktur erhält die ›Wette‹ darüber hinaus eine langanhaltende Überzeugungswirkung. – Die ›Wette‹ erfüllt so die Kriterien, die PASCAL zuvor zur Ablehnung des metaphysischen Gottesbeweises führten und erreicht das Ziel der dauerhaften Verteidigung des Glaubens auf einer pragmatischeren Ebene. PASCAL diskutiert nicht Dimensionen wie die Proportionalität von Ursache und Wirkung bezüglich der Idee vom Göttlichen im Menschen; er diskutiert die Frage, was man gewinnen kann, wenn man auf Gott setzt – und ist damit trotz seines abstrakten Gottesbegriffs pragmatischer als z.B. DESCARTES.

Diese Ablehnung einer Beweisintention der ›Wette‹ wird von der Forschung unterstützt. Die meisten Interpreten sehen die ›Wette‹ ebenfalls nicht als Versuch des Nachweises der Existenz Gottes, auch sie gehen davon aus, daß PASCAL ›nur‹ die Nützlichkeit des Glaubens zu beweisen versucht. Von den hier dargestellten Beiträgen aus der Literatur sind die von STEINMANN und RESCHER wegen ihrer sehr deutlichen Ablehnung einer Interpretation der ›Wette‹ als Gottesbeweis repräsentativ für die allgemeine Haltung der Wissenschaft zu dieser Frage. Die von GUARDINI durchgeführte Analyse der ›Wette‹ dagegen ist vor allem wegen des enthaltenen Vergleichs mit KIERKEGAARDS ›Absolutem Paradox‹ und ANSELMS ›Ontologischem Gottesbeweis‹ interessant: Hier wurde deutlich, daß PASCALS ›Wette‹ vielleicht einer ähnlichen Denkerfahrung entspringt, daß sie aber den entscheidenden Schritt, eben die Ableitung der Existenz Gottes aus dem Denken, nicht mitmacht: Wo andere Denken und Existenz verknüpfen, leitet PASCAL aus dem Denken nicht mehr als eine Handlungsempfehlung mit eindeutiger Nutzenfunktion ab.

3.3 Einwände gegen die ›Wette‹

In diesem Kapitel sollen nun einige *Einwände* gegen PASCALS ›Wette‹ untersucht werden. Einige dieser Einwände sind in den vorherigen Kapiteln bereits am Rande erwähnt worden, andere werden in diesem Kapitel erstmals angesprochen. Fast alle betreffen nicht die innere, logische Argumentationsstruktur der ›Wette‹, sondern vielmehr die *Prämissen*, die PASCAL im Vorfeld der ›Wette‹ macht und die gerade für den wettenden Atheisten nicht ohne weiteres akzeptabel sind – diese Aspekte sollen im *ersten Abschnitt* dieses Kapitels untersucht werden.

Im *zweiten Abschnitt* möchte ich dann auf einige Einwände gegen die ›Wette‹ eingehen, die sich in der Sekundärliteratur finden – die dort vorherrschenden Einwände gegen die ›Wette‹ sind vor allem *moralischer Art*. Sie bezweifeln, daß die Intention der ›Wette‹ mit ethischen Prinzipien vereinbar ist – wie kann aus dem oft als ›Laster‹ verurteilten Glücksspiel eine moralisch wertvolle Handlung entstehen?

3.3.1 Pascals Prämissen und andere Probleme im Kontext der ›Wette‹

Im Verlauf der Untersuchung der Argumentationsstruktur der ›Wette‹ mit Hilfe der Entscheidungstheorie wurde deutlich, daß die Argumentation in der ›Wette‹ logisch gültig und überzeugend ist: Wer sich auf PASCALS Argumentation einläßt, den wird die Einsatz-Nutzen-Kalkulation der ›Wette‹ vom Nutzen des Glaubens überzeugen – vielleicht wird er sich sogar selbst um Glauben bemühen. Doch eben dieser Zugang, dieses Sich-Einlassen auf die ›Wette‹ ist problematisch, nimmt PASCAL doch einige *Prämissen* an, denen der Wettende zustimmen muß.

Man denke z.B. an die Zustände der Welt, mit denen PASCAL arbeitet: Entweder es gibt den christlichen Gott, oder es gibt ihn nicht – müßte man diese Setzung nicht mindestens noch um eine dritte Möglichkeit – ›Es existiert ein ganz anderer (moslemischer, buddhistischer, hinduistischer o.ä.) Gott‹ – erweitern? Nur wer davon ausgeht, daß es lediglich diese zwei möglichen Zustände der Welt geben kann, wird die ›Wette‹ in ihrer bestehenden Struktur akzeptieren, alle anderen werden sie wegen ihrer eingeschränkten Perspektive ablehnen.

PASCAL spricht an keiner Stelle vom ›christlichen Gott‹ – eine Unterlassung, die als Kritik an der ›Wette‹ angeführt werden kann. Hier wird bemängelt, daß unklar ist, auf *welchen Gott* sich die ›Wette‹ bezieht und daß daher ebenfalls unklar ist, nach den Geboten *welcher Religion* man nach seiner Entscheidung zu leben habe. Eng mit dieser fehlenden Spezifizierung Gottes hängt eine andere problematische Voraussetzung zusammen: PASCAL sagt, daß derjenige, der auf ›Gott ist‹ setzt und damit falsch liegt, ›nichts verliere‹. Dies stimmt nur, wenn man davon ausgeht, daß es lediglich den christlichen Gott geben kann. Anderenfalls – wenn der christliche Gott nicht existiert, dafür aber ein anderer – könnte man von diesem anderen Gott für die Anbetung einer falschen, nicht existenten (christlichen) Gottheit bestraft werden: Der Anhänger *einer* Religion kann in der Hölle einer *anderen* Religion landen. Man hätte dieser Möglichkeit in der ›Wette‹ durch eine Erhöhung der Anzahl der möglichen Seinsarten der Welt Rechnung tragen können: Für den Fall ›Der christliche Gott existiert nicht‹ müßten zwei Unter-Zustände (›Es existiert ein anderer Gott‹ und ›Es existiert gar kein Gott‹) definiert werden, was allerdings Einfluß auf die Gewinnchancen und damit auf die Entscheidung des Wettenden hätte:

	Der christliche Gott existiert	Der christliche Gott existiert nicht	
		Es existiert ein anderer Gott	Es existiert gar kein Gott
›Der christliche Gott ist‹	Seligkeit	??? (Bestrafung für falschen Glauben?)	Nichts mit Einsatz
›Der christliche Gott ist nicht‹	Verdammnis	??? (Bestrafung für Unglauben?)	Nichts ohne Einsatz

Die Möglichkeit ›Es existiert ein anderer Gott‹ kann nur schwer mit Konsequenzen gefüllt werden; es ist jedoch denkbar, daß man für die Anbetung einer falschen – oder besser: einer nicht existenten – Gottheit mit der Bestrafung von Seiten der existierenden Gottheit rechnen müßte. Jedenfalls steht fest, daß die Beachtung der Möglichkeit der Existenz einer anderen Gottheit die Gewinnchance für ›Seligkeit‹ reduzieren würde – jeder Zustand würde mit einer Wahrscheinlichkeit von nur 1/3 auftreten, zudem wäre die Einsatz-Gewinn-Relation verschoben. Auch ist es noch vereinfachend gerechnet, wenn man lediglich den Fall ›Existenz *einer* anderen Gottheit‹ aufnehmen würde – im Extremfall könnte man alle Weltreligionen einbeziehen und darüber hinaus noch die Möglichkeit der Existenz unbekannter Gottheiten berücksichtigen; die Folgen für die Chancen auf Gewinn durch Auswahl der Existenz des christlichen Gottes wären verheerend.

Die Frage, warum PASCAL ›Gott‹ nicht als den ›christlichen Gott‹ definiert und warum er die Möglichkeit der Existenz einer anderen Gottheit als der christlichen nicht in die ›Wette‹ hat einfließen lassen, kann mit dem Hinweis auf ihren *christlichen Kontext* beantwortet werden: *Die ›Wette‹ ist unbedingt und absolut mit der christlichen Religion verknüpft;* sie steht innerhalb des Christentums und zielt allein auf eine Entscheidung für oder gegen den christlichen Gott ab. Man kann den eindeutigen Bezug der ›Wette‹ auf das Christentum nur schwer übersehen, wenn man bedenkt, daß sie in eine Schrift einfließen sollte, die als *»Apologie des Christentums«* geplant war. Es ist in diesem Kontext nicht notwendig, ›Gott‹ ausdrücklich als den ›christlichen Gott‹ zu definieren und darüber hinaus zu betonen, daß es keine anderen Götter neben dem christlichen geben könne – dies versteht sich für PASCAL von selbst und wird seinen Lesern durch die Tatsache, daß die ›Wette‹ Bestandteil der *»Pensées«* ist, automatisch deutlich. Das Problem mit dem ungenügend definierten Gott und dem fehlenden Hinweis auf die Möglichkeit der Existenz anderer Götter erscheint nur, wenn die ›Wette‹ aus dem Kontext der *»Pensées«* gelöst und isoliert betrachtet wird.

Auch wenn in der ›Wette‹ nicht ausdrücklich vom christlichen Gott gesprochen wird, ist ihre Intention deshalb nicht in Gefahr: Sie zeigt zwar nicht, daß *christlicher* Glauben vernünftig und daß die Ablehnung des *christlichen* Glaubens unvernünftig ist, sondern vielmehr ganz allgemein, daß *Glauben an eine belohnende Gottheit* vernünftig und daß die *Ablehnung des Glaubens an eine belohnende Gottheit* unvernünftig ist – und damit ist sie ein *universales* apologetisches Mittel.

Eine weitere Prämisse, deren Akzeptanz PASCAL voraussetzt, ist die *Wahrscheinlichkeit*, mit der sich die beiden möglichen Zustände der Welt gegenüberstehen: PASCAL gibt die Wahrscheinlichkeit der beiden Zustände ›Gott existiert‹ und ›Gott existiert nicht‹ mit 1:1 an – in der Realität dürfte sich aber nur sehr schwer ein Atheist finden, der diese Möglichkeiten für *gleich wahrscheinlich* hält. Viel häufiger wird ein Ungläubiger angeben, er halte die Existenz eines Gottes für *sehr unwahrscheinlich* – ansonsten würde er der Bezeichnung ›Atheist‹ kaum gerecht. Die Gleichwahrscheinlichkeit der Zustände der Welt in der ›Wette‹ entstammt dem Beispiel des *Münzwurfes:* Eine Münze zeichnet sich – im Gegensatz zu anderen Zufallsgeräten wie dem Würfel – dadurch aus, daß sie nur zwei mögliche Ergebnisse hat. Dadurch paßt sie perfekt zu dem Problem, welches PASCAL in der ›Wette‹ behandelt: Es gibt dort nur zwei denkbare Zustände der Welt (›Gott existiert‹ und ›Gott existiert nicht‹), jeder Zustand wird durch eine Seite der Münze repräsentiert.

Die Frage, warum PASCAL die *Gleichwahrscheinlichkeit der Zustände* als Grundlage der ›Wette‹ wählte, kann man *vielleicht* wie folgt beantworten: PASCAL stellt die beiden Möglichkeiten ›Existenz‹ und ›Nichtexistenz‹ hier gleichberechtigt nebeneinander, und Gleichwahrscheinlichkeit ist das neutralste der denkbaren Verhältnisse. PASCAL, der als Gläubiger die Existenz Gottes für real hält, gesteht dieser Seite eine ebenso große Wahrscheinlichkeit zu wie der Nichtexistenz – hier kann man nur von einer vorurteilslosen Sicht sprechen. Die Gleichwahrscheinlichkeit der beiden Möglichkeiten symbolisiert PASCALS Unvoreingenommenheit, gibt aber zugleich ein Zeugnis davon, daß er nicht zu viele Zugeständnisse an den Unglauben des Atheisten machen will – das Verhältnis von 1:1 ist eine Art Kompromiß. PASCAL, der die Existenz Gottes für 100%ig sicher hält, nimmt sich ebenso zurück wie der vorausgesetzte Atheist, der 100%ig von der Nichtexistenz Gottes überzeugt ist – das Verhältnis von 1:1 trägt zwei entgegengesetzten Ansichten Rechnung.

Da die Zustimmung zum Kompromiß der Gleichwahrscheinlichkeit eine zentrale Voraussetzung für den ist, der sich auf die ›Wette‹ einläßt, bleibt das von PASCAL bestimmte Wahrscheinlichkeitsverhältnis als Problem bestehen: Man kann vielleicht erklären, wie PASCAL auf dieses Verhältnis kommt, nicht aber garantieren, daß ein Atheist ihm zustimmen wird. Zustimmung ist *möglich* – wahrscheinlicher ist aber, daß der Atheist an seinem Unglauben festhält und nicht bereit ist, der Möglichkeit der Existenz eines Gottes nur die geringste Chance einzuräumen. – Fragt man andersherum, wer den PASCAL'schen Kompromiß akzeptieren würde, so kann man auf den *Gläubigen* verweisen: Schlägt man diesem ein Spiel nach Art der ›Wette‹ vor, könnte er sehr wohl akzeptieren, daß man der Möglichkeit ›Gott existiert nicht‹ großzügig eine Chance von 50% einräumt. Für den *Gläubigen* zählt vor allem das Ergebnis, während der Atheist die Voraussetzungen sehr genau prüfen würde – und so kann der eine die ›Wette‹ akzeptieren, der andere nicht.

Die Gleichwahrscheinlichkeit der Zustände der Welt ist für einen Atheisten schwer zu akzeptieren, die fehlende Spezifizierung des christlichen Gottes und der fehlende Hinweis auf die Möglichkeit, daß noch andere Gottheiten existieren können, sind schwer widerlegbare Kritikpunkte an der ›Wette‹. Es ist an dieser Stelle interessant, auf die Frage nach dem Adressaten der ›Wette‹ zurückzukommen. Im Kapitel 1.2.3, welches sich ausführlich mit dem in den »Pensées« intendierten Adressat beschäftigte, wurde postuliert, PASCAL richte seine Apologie wie auch die ›Wette‹ an den ›honnête homme‹, den gebildeten Atheisten seiner Zeit, sowie an seine jansenistischen Glaubensbrüder. Funktional soll die ›Wette‹ dazu dienen, den Glauben zu rechtfertigen: Atheisten sollen Glauben nicht mehr mit Irrationalität gleichsetzen, im besten Fall sogar zur Suche nach Glauben motiviert werden, wohingegen die ›Wette‹ den schon Gläubigen eine wirkungsvolle Argumentation zur Verteidigung ihres Glaubens bieten soll. Es stellt sich nun die Frage, wie diese beiden Gruppen von Adressaten mit den von PASCAL stillschweigend gemachten Prämissen umgehen können.

PASCALS Glaubensgenossen teilen sein Wissen um die Existenz Gottes und akzeptieren die von ihm benannten Werte Seligkeit und Verdammnis in gleichem Maße wie PASCAL selbst. Die Gläubigen haben mit PASCALS ›Wette‹ kaum Probleme, sie können sie hinsichtlich ihrer Voraussetzungen wie auch ihrer Struktur akzeptieren. Anders steht es mit den Atheisten: Für sie ist es problematisch, wenn PASCAL unerwähnt läßt, daß er den christlichen Gott thematisiert und daß sich die Frage nach der möglichen Existenz anderer Gottheiten – oder besser: nach der Existenz von Gottheiten mit anderen Eigenschaften – nicht stellt; auch könnten sie fragen, ob die christliche Lehre Gott tatsächlich richtig beschreibt, ob Glauben also wirklich mit Seligkeit belohnt wird. Kurz: Ein Atheist kann die ›Wette‹ wegen ihrer nicht ausreichend präzisen Bestimmungen ablehnen. – Meines Erachtens darf man hier jedoch nicht folgern, daß die ›Wette‹ sich allein an den gläubigen Christ richtet: Auch der atheistische Leser der »Pensées« sieht die ›Wette‹ allein im christlichen Kontext, auch er weiß, daß PASCAL allein den christlichen Gott diskutiert und welche Eigenschaften diesem Wesen zugeschrieben werden. Auch wenn der ›honnête homme‹ schon des öfteren vor allem über seinen Atheismus charakterisiert worden ist, bedeutet dies nicht, daß er in religiösen Fragen völlig unbedarft oder unwissend gewesen wäre. Dem Atheisten im Frankreich des 17. Jh. mag sich die Frage nach einer ›protestantischen‹ oder ›katholischen‹ Interpretation des Christentums stellen, daß es aber um den *christlichen Gott* geht, steht für ihn ebenso fest wie für PASCAL. Der ›honnête homme‹ ist Atheist, aber in einem christlichen Umfeld – wenn es um Gott geht, dann um den christlichen. Der ›honnête homme‹ ist ein gebildeter Mensch; auch wenn er aus Rationalität nicht glaubt, ist er doch mit den christlichen Lehren vertraut. Auch als Atheist lebt der ›honnête homme‹ in einem christlichen Umfeld, sogar in einem, daß sich seit der Reformation stärker als je zuvor öffentlich mit Glaubensfragen und christlicher Lehre beschäftigte. Die Frage nach protestantischer oder katholischer Lehre mochte sich stellen, nicht aber die nach christlichem oder moslemischem Gott. Zudem ist PASCAL – im 17. Jh. wahrscheinlich stärker als heute – als Vertreter einer ganz bestimmten christlichen Bewegung bekannt, und als Jansenist schreibt PASCAL natürlich eine »*Apologie des Christentums*«, die seiner Glaubensrichtung folgt. Der ›honnête homme‹ als Adressat der »*Pensées*« teilt mit PASCAL das Wissen um den christlichen Kontext der ›Wette‹ und um die Einzelheiten der christlichen Lehre, einzig ein vernünftiger Grund für den Glauben an Gott fehlt ihm – und gerade den soll die ›Wette‹ ihm liefern.

Trotz der aufgewiesenen problematischen Aspekte behält die Intention der ›Wette‹ ihre Gültigkeit: Sie ist geeignet, um den Glauben an einen belohnenden Gott als rational und die Ablehnung des Glaubens an einen belohnenden Gott als irrational zu begründen. Ihre sehr allgemeine Konzeption ist somit keine Schwäche, sondern vielmehr der Aspekt, der sie aus dem rein christlichen Kontext loslösbar und zu einem *universalen Mittel zur Verteidigung eines Glaubens* macht. – Auch die beiden von PASCAL intendierten Adressatengruppen werden durch die angesprochenen Probleme nicht wirklich tangiert: Durch die ›Wette‹ kann der Atheist begreifen, daß Glauben an einen belohnenden Gott pragmatisch zu rechtfertigen und damit vernünftig ist – und mehr braucht es zur Verteidigung des Glaubens bzw. zur Motivation zur Bemühung um Glauben eigentlich nicht. Solange sich kein Kritikpunkt findet, der der ›Wette‹ abspricht, daß sie den Glauben an einen belohnenden Gott als nützlicher beweist als seine Ablehnung, ist die ›Wette‹ im Sinne von PASCALS Intention gültig und überzeugend.

3.3.2 Kritik an der ›Wette‹ in der Literatur

Auch in der Sekundärliteratur werden Kritikpunkte an PASCALS ›Wette‹ benannt und diskutiert. Ich möchte im Folgenden einige dieser Einwände darstellen – und zwar hauptsächlich solche, die bei meiner eigenen Betrachtung der ›Wette‹ nicht angesprochen wurden, so daß sich keine größere Überschneidung mit dem vorhergehenden Abschnitt ergeben dürfte.

Vor allem die Essay-Sammlung *»Gambling on God«*, 1994 herausgegeben von JEFF JORDAN, enthält Beiträge, die Einwände gegen die ›Wette‹ diskutieren. In *»Moral Objections to Pascalian Wagering«* betrachtet PHILIP L. QUINN allein drei Argumente gegen PASCALS ›Wette‹ – wie der Titel des Beitrags andeutet, sind diese Einwände *moralischer Art*. QUINN übt indes nicht selbst Kritik an der ›Wette‹, sondern bemüht sich vielmehr, die Vorwürfe anderer zu widerlegen. – Der erste von QUINN benannte Einwand referiert auf eine „Kantische Pflicht"[150] des Menschen, der die ›Wette‹ angeblich widerspricht: Er muß seine Vernunft zum Streben nach Wahrheit nutzen.

> „Normal humans have been endowed by God or by Nature with intellectual talents they are supposed to use in pursuit of their epistemic goal of believing truths and not believing falsehoods. It is wrong to abuse these talents, and one has a duty not to do so. [...] But Pascalian wagering requires of us that we do precisely this because it involves forming beliefs for self-interested reasons and in the absence of or even contrary to good evidential reasons. [...] Hence, Pascalian wagering is contrary to duty."[151]

Dies ist der Vorwurf der ›Selbst-Korruption‹. Er beanstandet, daß der Wettende sich durch Gründe vom Nutzen des Glaubens überzeugen läßt, die seiner Pflicht zum Streben nach Wahrheit widersprechen. Nicht *Beweise* führen zu seiner Entscheidung, sondern *eigennützige Interessen,* nämlich die Hoffnung auf den Gewinn der Seligkeit. Der Vorwurf der Selbst-Korruption kommt ins Spiel, weil der Mensch sich durch sein Eigeninteresse selbst schadet: Er sieht allein den Gewinn und vergißt, daß das Versprechen dieses Gewinns auf keinerlei Evidenz aufbaut. – Nach QUINN ist dieser Vorwurf jedoch nicht gerechtfertigt, die Entscheidung für Gott widerspricht seiner Meinung nach nicht der kantischen Pflicht, sich um Wahrheit

---

[150] QUINN: *Moral Objections to Pascalian Wagering.* In: *Gambling on God.* Hrsg. von J. Jordan. Lanham 1994. Vgl. S. 63.
[151] Ebd., S. 63.

zu bemühen: In der ›Wette‹ *muß* man sich zwischen Alternativen entscheiden, die sich beide nicht auf Beweise stützen – und wenn die möglichen Alternativen hinsichtlich ihrer Wahrheit ununterscheidbar sind, kann der Mensch durch seine Wahl die Pflicht zum Streben nach Wahrheit nicht verletzten.

> „There are circumstances in which one does not harm, violate a duty by abusing intellectual talents [...]. They are circumstances in which both believe and unbelief are rationally permissible on one's total evidence. [...] In such circumstances, the prudential considerations evoked by the wager argument tip the balance decisively in favor of believe in God."[152]

In eine ähnliche Richtung wie dieser Einwand geht der zweite von QUINN benannte, auch hinter ihm verbirgt sich der Vorwurf der Leichtgläubigkeit. Er referiert auf ein ›fundamentales Prinzip des Glaubens‹, das WILLIAM CLIFFORD in seinem Essay *»The Ethics of Believe«* aufstellt:

> „To sum up: it is wrong always, everywhere, and for any one, to believe anything upon insufficient evidence."[153]

War Leichtgläubigkeit im ersten Einwand eine Verletzung der *individuellen* Pflicht zum Streben nach Wahrheit, ist sie hier Verletzung einer Pflicht des Einzelnen gegenüber der *gesamten Menschheit*. Wer ohne Beweise glaubt, ist leichtgläubig und schadet nicht nur sich selbst, sondern gefährdet vielmehr die Zivilisation an sich – so zumindest die Ansicht CLIFFORDS:

> „The danger to society is not merely that it should believe wrong things, though that is great enough; but that it should become credulous, and lose the habit of testing things and inquiring into them; for then it must sink back into savagery."[154]

Da PASCAL mit seiner ›Wette‹ den Atheisten ohne auf Evidenz referierende Beweise zur Annahme der Existenz Gottes führt, kann man der ›Wette‹ vorwerfen, sie verleite zur Leichtgläubigkeit und stelle damit eine Gefahr für die auf Wahrheit gebaute Zivilisation dar. – Diesen moralischen Einwand gegen die ›Wette‹ widerlegt QUINN, indem er CLIFFORDS fundamentales Glaubensprinzip angreift: CLIFFORD äußere sich nirgends dazu, *wie viele* Beweise man brauche, um seinen Glauben als begründet bezeichnen zu können. Wenn der Beweis oder die Begründung für einen Glauben jedoch darin bestehen kann, daß der Glauben nützlicher ist als seine Negation, wäre der in der ›Wette‹ enthaltene Grund für Glauben ausreichend.

---

[152] Ebd., S. 70.
[153] CLIFFORD: *The Ethics of Believe.* In: *The Ethics of Believe Debate.* Hrsg. von G. MacCarthy. Atlanta 1986. S. 24.
[154] Ebd., S. 23.

"In that case, a Pascalian wagerer who has this evidence does not violate Clifford's principle and hence does not violate a duty to others not to contribute to making them credulous and deceitful."[155]

Der letzte Einwand, den CLIFFORD in seinem Essay diskutiert, bezieht sich auf TERENCE PENELHUMS ›Argument der Komplizenschaft‹. In seiner Schrift *»Religion and Rationality«* aus dem Jahre 1971 wirft PENELHUM der ›Wette‹ vor, sie sei moralisch untragbar, da sie den Wettenden in ein ungerechtes religiöses System involviere: Die ›Wette‹ basiert auf der Annahme, daß Gläubige mit der ewigen Seligkeit belohnt werden, während Ungläubige für ihren Unglauben mit ewiger Verdammnis bestraft werden. Unglauben erscheint hier als strafbar – und dies ist moralisch nur dann gerechtfertigt, wenn Unglauben *trotz* eindeutiger Beweise *für* die Existenz Gottes vorhanden ist, wenn er also auf Mißachtung evidenter Tatsachen, auf Selbsttäuschung, beruht.

"But this means that the unbelievers refuse to accept the revelations of God for what they are – there is no incapacity to believe, only refusal to believe."[156]

Unglauben kann nur dann als unmoralisch verurteilt werden, wenn er auf Selbsttäuschung beruht. In der ›Wette‹ wird jedoch laut PENELHUM eine Art von Unglauben diskutiert, die nicht auf Selbsttäuschung, sondern auf rationaler Begründung beruht (etwa dem Fehlen von Beweisen für Gottes Existenz), und die dennoch mit einer Strafandrohung versehen wird – aus diesem Grund ist PASCALS ›Wette‹ für PENELHUM moralisch untragbar: Sie involviert den Wettenden in ein unmoralisches religiöses System, in dem gerechtfertigter Unglaube strafbar ist.

"If it is true that men can hear and not be convinced, then belief does not necessarily equal self-deception. But then unbelief does not necessarily merit exclusion from salvation. If it does not, then Pascal's Wager argument, which presupposes that it does, is morally unworthy of acceptance."[157]

QUINN widerlegt diesen Einwand PENELHUMS mit dem Hinweis, daß in PASCALS theologischem System Strafe für Unglauben sehr wohl gerechtfertigt ist: Wie vor allem aus den Fragmenten 479 und 334 (Laf. 618, 97) der *»Pensées«* hervorgeht, sieht PASCAL Unglauben als Effekt der *Konkupiszenz,* also als Effekt der durch die Erbsünde bedingten, sinnlichen Orientierung des Menschen – und nicht als Ergebnis einer rationalen Überlegung.

---

[155] QUINN: *Moral Objections to Pascalian Wagering.* In: *Gambling on God.* Hrsg. von J. Jordan. Lanham 1994. S. 72.
[156] PENELHUM: *Religion and Rationality.* New York 1971. S. 217.
[157] Ebd., S. 218.

„So, presumably, all the fruits of concupiscence, including unbelief, are evil too, and hence unbelievers are culpable and to be condemned for their unbelief."[158]

Unglauben resultiert bei PASCAL aus einem Leben, welches den Leidenschaften gewidmet ist; als Effekt eines solchen Lebens ist Unglauben moralisch verurteilbar: Es ist die Pflicht des Menschen, sich von seiner sinnlichen Orientierung zu befreien und mit Hilfe des Glaubens die Leidenschaften zu überwinden; wer diese Pflicht nicht erfüllt, wird für seine Schwäche bestraft. Der rational begründete Atheismus, von dem PENELHUM ausgeht, existiert in PASCALS System nicht, bei PASCAL ist Unglauben immer verbunden mit Laster und daher bestrafbar. Dadurch, daß die ›Wette‹ auf diese Begründung des Unglaubens referiert, ist die in ihr angekündigte Strafe für alle Ungläubigen nicht moralisch verwerflich, sondern logisch aus ihrem theologischen Unterbau ableitbar. PENELHUMS Vorwurf, die ›Wette‹ involviere den Spieler in ein unmoralisches System, ist somit haltlos: Er geht von einer anderen Begründung des Unglaubens aus, als PASCAL es tut.

Der ebenfalls in JORDANS Essay-Sammlung publizierte Beitrag »*A Central Theistic Argument*« von GEORGE SCHLESINGER ergänzt QUINNS moralische Überprüfung der ›Wette‹ in gewisser Hinsicht: Der erste von insgesamt drei Einwänden gegen die ›Wette‹, die Schlesinger benennt, kann man ebenfalls als moralisch orientiert auffassen – er betrifft den Vorwurf der ›Habsucht‹ und beinhaltet, daß der Wettende allein aus Berechnung, aus Gier nach dem Gewinn der Seligkeit, auf Gott setze. Diesem Vorwurf hält SCHLESINGER jedoch entgegen,

> „that every act which fulfills some whish is greedy and selfish and no freely willed act would ever be free of sin."[159]

Auch ist die ›Wette‹ immer nur ein erster Schritt auf dem Weg zum Glauben. Wer sich aus Habsucht für die Alternative ›Gott ist‹ entscheidet, hat nach der Entscheidung die Wahl zwischen zwei Verhaltensweisen: Er kann sein Leben nach den christlichen Vorschriften ausrichten, seine Leidenschaften reduzieren und damit auch der Habsucht entsagen – in diesem Fall tut der Grund der Entscheidung nichts mehr zur Sache, aus dem Egoisten ist ein wahrer Christ geworden. Andererseits kann der Habsüchtige seinen eigennützigen Prinzipien treu bleiben – damit verweigert er jedoch die Zahlung des Einsatzes und wird folglich nicht in den Genuß der Seligkeit kommen.

---

[158] QUINN: *Moral Objections to Pascalian Wagering*. In: *Gambling on God*. Hrsg. von J. Jordan. Lanham 1994. S. 75.

[159] SCHLESINGER: *A Central Theistic Argument*. In: *Gambling on God*. Hrsg. v. J. Jordan. Lanham 1994. S. 85.

Der zweite von SCHLESINGER benannte Vorwurf gegen PASCALS ›Wette‹ betrifft ein Problem, welches bereits im vorhergehenden Abschnitt (3.3.1) angesprochen wurde, SCHLESINGER bezeichnet es als „many-gods objection"[160]: PASCALS ›Wette‹ kann auf eine ganze Anzahl von verschiedenen Göttern (christlich, moslemisch etc.) angewandt werden. SCHLESINGER widerlegt diesen Einwand mit einem Verweis auf das von H. JEFFREYS postulierte „principle of simplicity"[161], welches besagt, daß man bei gleich-wahrscheinlichen Möglichkeiten am besten die Einfachste wählen soll – und angesichts des christlichen Hintergrundes der ›Wette‹ ist die Wahl des christlichen Gottes die naheliegenste. Zudem kann man die ›Wette‹ mit dem Hinweis auf den ›Satz vom zureichenden Grund‹ von der ›many-gods objection‹ freisprechen: Aufgestellt von LEIBNIZ (1646-1716), geht dieses Prinzip davon aus, daß es für alles Bestehende einen Grund geben muß, aus dem es abgeleitet werden kann. In Bezug auf den Glauben an einen spezifischen Gott kann dieses Prinzip nun bewirken, daß man den Glauben damit begründet, daß Gott von einer absoluten Größe ist und daß daher nichts denkbar ist, was ihn übertrifft (= ANSELMS Argument). Daraus kann man unter Beachtung des ›Prinzips vom zureichenden Grund‹ folgern, daß die Existenz dieses Gottes sehr viel wahrscheinlicher ist als die Existenz eines anderen Gottes.

Als letzten Einwand gegen die ›Wette‹ diskutiert SCHLESINGER einen von ANTONY DUFF eingebrachten Vorwurf, der beanstandet, daß die ›Wette‹ demjenigen, der sich für Gott entscheidet, *immer* den Gewinn der Seligkeit verspreche, ganz gleich, wie stark man sich nach der Entscheidung um Glauben bemüht. DUFF sieht daher keinerlei Notwendigkeit, das irdische Leben von den Leidenschaften zu befreien. SCHLESINGER widerlegt diesen Vorwurf, indem er verdeutlicht, daß es im Jenseits sehr wohl einen Unterschied zwischen den Gläubigen und den weniger Gläubigen geben kann; dieser Unterschied betrifft die Qualität der Seligkeit, die man erhalten wird:

> „But is it possible to gain anything more than infinite salvation? The answer is [...] yes! [...] Similarly, eternal life [...] may vary in the degree of its depth, intensity, exquisiteness, and so on, during every moment for the eternal duration of that felicitous state."[162]

Somit erweisen sich die Vorwürfe, die SCHLESINGER in seinem Essay *»A Central Theistic Argument«* benennt, letztendlich als haltlos. Die ›Wette‹ verspricht nicht automatisch jedem Wettenden den gleichen Gewinn – ganz im Gegenteil ist nach

---

[160] Ebd., S. 87.
[161] Ebd., S. 92.
[162] Ebd., S. 97.

dem Tod mit einer differenzierten Unterscheidung der Gläubigen zu rechnen. Auch kann man der ›Wette‹ nicht vorwerfen, sie verleite zur Habsucht: Selbst wenn dieses Laster die Wahl der Alternative ›Gott ist‹ bedingen sollte, so wird der Habsüchtige im Verlauf der Reduktion der Leidenschaften von diesem Laster abrücken müssen – oder aber nicht in den Genuß der ewigen und absolut erfüllten Seligkeit kommen.

Die ›many-gods objection‹ ist ein Einwand, der der ›Wette‹ häufig entgegengebracht wird, und wahrscheinlich ist der Vorwurf, daß die von PASCAL dargelegte Einsatz-Nutzen-Kalkulation nicht spezifisch auf den christlichen Gott zugeschnitten sei, der häufigste Kritikpunkt an der ›Wette‹. Schon DENIS DIDEROT (1713-1784) sagte in seinem 1746 erschienen Werk *»Pensées Philosophiques«* zu dem in der ›Wette‹ dargelegte Gedankengang: „Un Iman en peut dire tout autant que Pascal."[163]; vor allem in der jüngeren Literatur findet diese Kritik an der ›Wette‹ zahlreiche Befürworter. Eine kurze und übersichtliche Darstellung der verschiedenen Variationen der ›many-gods objection‹ findet sich in dem Essay *»The Many-gods Objection«* von JEFF JORDAN, erschienen in der von ihm herausgegebenen Essay-Sammlung *»Gambling on God«*.

Die erste von JORDAN benannte Version der ›many-gods objection‹ besagt, der in der ›Wette‹ dargelegte Fall bedenke nur die Möglichkeit, daß es lediglich *einen* Gott geben könne; es sei jedoch denkbar, daß man für eine beliebige Anzahl anderer Götter ebenfalls Gewinn-Verlust-Kalkulationen durchführen könnte. Dies wird vor allem dann problematisch, wenn der real existierende Gott den Anhänger einer anderen Gottheit bestraft. Eine zweite Variation der ›many-gods objection‹ besagt, daß der in der ›Wette‹ ausgeschriebene Gewinn nicht mit einer großen, sondern mit einer unendlich kleinen Wahrscheinlichkeit erwartet werden könne, weil es eine sehr große Anzahl möglicherweise existierender Götter gibt. Die dritte Version der ›many-gods objection‹ schließlich beinhaltet, daß die ›Wette‹ als entscheidungstheoretisches Modell keine rational begründbare Handlung hervorbringen könne – so versage die ›Wette‹ zum Beispiel völlig, wenn man sich zwischen zwei Religionen mit gleichem Gewinn, aber unterschiedlicher Wahrscheinlichkeit entscheiden soll. – Mit diesen drei Variationen der ›many-gods objection‹ benennt JORDAN schwerwiegende Einwände gegen die Gültigkeit der ›Wette‹ – lautet der Schluß aller Kritiken doch, die ›Wette‹ besitze eine unzureichende Konzeption und führe nicht zu dem von PASCAL angepriesenen Ergebnis des Gewinns der unendlichen Glückseligkeit. JORDAN widerlegt all diese Vorwürfe und Warnungen auf eine Weise, die auch im

---

[163] DIDEROT: *Pensées Philosophiques* [1746]. In: *Œuvres Complètes de Diderot*. Hrsg. von J. Assézat. [Paris 1875] Nendeln 1966. Band I. LIX, S. 167.

vorigen Abschnitt (3.3.1) zur Verteidigung der ›Wette‹ angeführt wurde: JORDAN greift die in der ›many-gods objection‹ enthaltene Kritik an der ›Wette‹ auf, und befreit PASCALS Konzeption von ihrem christlichen Hintergrund – so entsteht eine *allgemeingültige Grundstruktur* der ›Wette‹, die JORDAN als „ecumenical version of Pascal's wager"[164] bezeichnet. Und diese reduzierte Grundform der ›Wette‹ zeigt nicht, daß man für den Glauben an einen *christlichen* Gott mit Seligkeit belohnt wird, sondern nur noch,

> „that theistic belief (as well as, perhaps, other sorts of religious belief) carries a greater expected utility than does disbelief, and so one ought to try to believe."[165]

Auch wenn die ›Wette‹ nicht mehr allein den *christlichen* Glauben betrifft, ist sich JORDAN sicher, daß er die ›Wette‹ durch die Reduktion auf ihre grundlegende Struktur für alle Zeit vom Vorwurf der Nutzlosigkeit, welche sich hinter der ›many-gods objection‹ verbirgt, befreit hat:

> „[...] the ecumenical version of the wager [...] makes it likely that no new version of the many-gods objection will be forthcoming that could render the wager useless. So, one can safely conclude that, despite the antiquity and facile popularity of the many-gods objection, if the wager fails, it does so due to some problem other than the many-gods objection."[166]

3.3.3 Zusammenfassung

Die benannten Einwände gegen die ›Wette‹ stellen nur einen Bruchteil der Kritik dar, die man PASCALS Kalkulation seit ihrer erstmaligen Veröffentlichung entgegengebracht hat. Dabei ist vor allem die ›many-gods objection‹ ein schwerwiegender Vorwurf, läßt sich doch an der ›Wette‹ kein Aspekt finden, der sie als allein im christlichen Kontext gültig auszeichnet. Dennoch ist sie für die Begründung des christlichen Glaubens, also für die von PASCAL vorgesehene Intention, geeignet: Sie beweist zwar nicht allein den Glauben an den christlichen Gott als vernünftig, wohl aber den Glauben an einen *belohnenden* Gott – und wenn die Lehre der Christen von einem belohnenden Gott ausgeht, ist die ›Wette‹ zur Verteidigung des christlichen Glaubens geeignet: *Hinsichtlich ihrer reinen Struktur steht sie über einer einzelnen Religion, sie ist universales apologetisches Mittel.*

Vor allem anhand der – etwa von SCHLESINGER und QUINN diskutierten – *moralischen* Kritik an der ›Wette‹ wurde deutlich, daß PASCALS Einsatz-Nutzen-

---

[164] JORDAN: *The Many-Gods Objection.* In: Ders. (Hrsg.): *Gambling on God.* Lanham 1994. Vgl. S. 110.
[165] Ebd., S. 110/111.
[166] Ebd., S. 111.

Kalkulation vor allem hinsichtlich ihrer *Intention* angegriffen wird: Nur wenige Kritiker beziehen sich auf die Struktur der ›Wette‹, bezweifeln ihre Schlüssigkeit oder die in ihr enthaltene Kalkulation – die meisten Kritiker bringen *ethische* Einwände gegen die ›Wette‹ vor und untersuchen die moralische Grundlage der Handlungen, zu denen die ›Wette‹ den Spieler verleitet. Vorwürfe wie *Pflichtverletzung, Anleitung zur Leichtgläubigkeit* oder *Habsucht* kommen in diesem Kontext vor – sie sprechen der ›Wette‹ eine logische Gültigkeit zu, dafür aber jede moralische Rechtfertigung ab. Wie im Verlauf der Diskussion der von QUINN und SCHLESINGER benannten ethischen Einwände deutlich wurde, sind die meisten mit dem Hinweis auf den Kontext der ›Wette‹ widerlegbar: Sie ist Bestandteil der *»Pensées«* und als solches auf das in dieser Schrift entworfene theologische System zugeschnitten.

Die moralische Kritik an der ›Wette‹ scheint dabei oft eine gewisse Skepsis oder sogar Empörung dahingehend zu beinhalten, daß PASCAL die Frage nach dem Glauben mit einer pragmatischen Einsatz-Nutzen-Kalkulation beantwortet: Kann aus einer auf Gewinn und Verlust verweisenden Kalkulation eine ethisch wertvolle Handlung entstehen? Die in der ›Wette‹ eingesetzten Entscheidungshilfen, etwa der Gewinn der ewigen Seligkeit, werden von den Kritikern als moralisch minderwertige Aspekte aufgefaßt, die Verbindung von Glauben und Gewinn erscheint ihnen als ethisch unvertretbar – für sie operiert die ›Wette‹ auf einem der Frage nach dem Glauben nicht angemessenen Niveau. Vor allem die Integration des Glücksspiels, die Verwendung eines ›Lasters‹ in einem Versuch zur Rechtfertigung des Glaubens erscheint diesen Kritikern als moralisch fragwürdig – wie kann aus einem Glücksspiel eine ethisch wertvolle Handlung entstehen? Diese unkonventionelle Verbindung von Glauben und Glücksspiel ist jedoch nur verwunderlich, wenn man die ›Wette‹ losgelöst von PASCALS sonstigem Schaffen betrachtet: Die ›Wette‹ resultiert in Stil und Struktur aus PASCALS – auf die Religionsphilosophie und die Mathematik aufgeteiltem – Interesse, sie verbindet unter dem Gesichtspunkt der Pragmatik Glauben und Glücksspiel – und ist dabei überaus erfolgreich: Außer der ›manygods objection‹ gibt es an ihrer entscheidungstheoretischen Struktur keinen ernstlichen Kritikpunkt. – Bei genauerem Hinsehen bestätigen indes auch die moralischen Einwände, daß die ›Wette‹ ihr Ziel erreicht – was sie bemängeln, ist lediglich, daß ein moralisch wertvolles Ziel (die Rechtfertigung des Glaubens) mit einer unmoralischen – weil am Glücksspiel und vor allem am Gewinn der Seligkeit orientierten – Überlegung erreicht wird.

4 Nachwort

PASCALS ›Wette‹ wurde in dieser Arbeit hinsichtlich einer ganzen Reihe von Gesichtspunkten betrachtet: Neben der Analyse des Fragments 233 selbst wurde die Argumentation der ›Wette‹ mit Hilfe der Entscheidungstheorie untersucht, wurden problematische Aspekte in der Konzeption der ›Wette‹ angesprochen und wurde gefragt, ob die ›Wette‹ einen Gottesbeweis intendiere. Darüber hinaus wurden die *»Pensées«*, in welche sich die ›Wette‹ als Fragment 233 (Laf. 418) einordnet, hinsichtlich ihrer Gliederung, ihrer Intention und ihres Adressaten betrachtet.

Die Ergebnisse aus diesen Untersuchungen lauten kurz gefaßt wie folgt: Die ›Wette‹ ist argumentativ und logisch gültig; sie beweist, daß der Glauben an einen belohnenden Gott nützlicher und vernünftiger ist als die Ablehnung des Glaubens an einen belohnenden Gott. Dabei intendiert die Argumentation in der ›Wette‹ keinen Gottesbeweis: PASCAL beweist nicht die Existenz Gottes, sondern die Nützlichkeit der Annahme der Existenz Gottes; die ›Wette‹ versucht nicht, Gottes Existenz zu beweisen, sondern basiert gerade auf der Unbeweisbarkeit der Existenz Gottes. Durch ihre allgemein gehaltene Struktur ist die ›Wette‹ nicht allein auf den *christlichen* Glauben, auf die *christliche* Lehre beschränkt, sondern dahingehend ein *universales apologetisches Mittel,* daß sie nicht die Bejahung der Existenz des *christlichen* Gottes, sondern vielmehr die Bejahung der Existenz eines *belohnenden* Gottes als nützlich beweist. In ethischer Hinsicht ist die ›Wette‹ nicht angreifbar: Sie verleitet nicht zu einer unmoralischen Handlung, wenn sie dazu auffordert, allein aufgrund von Pragmatik auf Gott zu setzen – der Wettende muß sich nach der Bejahung der Existenz Gottes um ein von allen Leidenschaften befreites, den christlichen Ansprüchen genügendes Leben bemühen, da er sonst niemals in den Genuß der ewigen Seligkeit kommen wird.

Da die Intention der ›Wette‹ darin liegt, den Glauben an Gott als rational und nützlich zu beweisen, kommt diesem Text in der gesamten Schrift *»Pensées«* als *»Apologie des Christentums«* eine, wenn nicht sogar *die* zentrale apologetische Funktion zu. Wie vor allem im Kapitel 1.2.2 deutlich wurde, verfolgt PASCAL mit den *»Pensées«* ganz allgemein die Intention, die Haltung der Menschen, vornehmlich die der gebildeten und auf die Vernunft fixierten ›honnête hommes‹, gegenüber der Religion und dem Glauben an Gott grundlegend zu verändern: Aus *Ablehnung* soll *Achtung,* ja sogar *Liebe* werden. Dabei ist die ›Wette‹ sicherlich weniger dazu geeignet, (emotionale) Liebe zur Religion zu erzeugen – wohl aber ist die in ihr entworfene pragmatische Einsatz-Nutzen-Kalkulation dasjenige Element der *»Pensées«*, welches die Ablehnung der Atheisten gegenüber der Religion in eine – auf rationaler Ebene angesiedelte – Achtung vor der Religion verwandeln soll: Wie er es im Gliederungsfragment 187 (Laf. 12) plante, schildert PASCAL in den *»Pensées«* zunächst das Elend des Menschen ohne Gott und erschüttert damit das Vertrauen seiner Leser in die Größe und die Kraft des menschlichen Denkens. Diese Sicht des Menschen als Gefangenem zwischen dem All und dem Nichts, als durch das Denken zwar würdevollem, aber nichts desto trotz schwachem und hilflosem Wesen spricht dabei sowohl die Atheisten als auch die Gläubigen unter PASCALS Lesern an: Die Atheisten werden in ihrer Sicherheit über die große Kraft des menschlichen Denkens erschüttert, während die (jansenistischen) Gläubigen die bei ihnen ohnehin vorhandenen Zweifel an der Welt und an den Menschen im Text ausgedrückt finden. Im Anschluß an diese Erschütterung der Leser zeigt PASCAL mit Gott und dem Glauben an Gott eine Möglichkeit zur Errettung aus der weltlichen Gefangenschaft auf – diese Chance kann jedoch zunächst nur der *gläubige* Leser begrüßen: Da der Atheist die Religion für irrational hält und daher verachtet, glaubt er nicht an die von PASCAL postulierte Errettung durch Gott oder aber meint, daß diese Rettungschance für ihn als Ungläubigen nicht existiere. – Hier setzt die ›Wette‹ ein: Sie beweist dem Atheisten, daß Glauben nicht irrational und daher verachtenswert, sondern ganz im Gegenteil höchst vernünftig und darüber hinaus auch höchst lohnend ist – der Atheist wird mittels der *Pragmatik des Glaubens* von der *Rationalität des Glaubens* überzeugt, seine Ablehnung der Religion und des Glaubens an Gott verwandelt sich in Achtung. Und nach der Erkenntnis, daß Glauben nicht unvernünftig, sondern daß ganz im Gegenteil Unglauben unvernünftig ist, kann der Atheist die von PASCAL in der ›Wette‹ angepriesene ›Arznei‹ verwenden und sich durch Gewohnheit um Glauben bemühen – dann steht auch ihm die Chance offen, durch Gott aus seiner Gefangenschaft und seiner beschränkten Wesenheit befreit zu werden. – Im Anschluß an die ›Wette‹ schaut PASCAL ›hinter das Spiel‹: Er diskutiert Bibelzitate, Wunder und Prophezeiungen – dieser Teil der *»Pensées«* ist dazu bestimmt, den letzten Schritt in PASCALS Überzeugungskonzeption zu tun und die mittels der ›Wette‹ erzeugte Achtung vor der Religion in Liebe und den Wunsch nach Wahrheit der Religion zu verwandeln.

In der von PASCAL geplanten Struktur der *»Pensées«* nimmt die ›Wette‹ somit eine ganz zentrale Rolle ein: Sie verwandelt die Ablehnung des Atheisten in Achtung vor der Religion. Alle anderen Themen der *»Pensées«* – etwa die Darlegung des Menschenbildes und die Auslegung der Bibel – sind angesichts dieser Interpretation der ›Wette‹ nur Einleitung, Schilderung des religionsphilosophischen und anthropologischen Hintergrundes, während die ›Wette‹ das eigentliche Kernstück, der zentrale und wichtigste Bestandteil dieser Schrift ist. In ihr wird das verarbeitet, was

4. Nachwort

zuvor allgemein zu Mensch und Gott gesagt wurde, in ihr wird der fiktive ›honnête homme‹ von der Rationalität des Glaubens überzeugt. Sie zeigt dem atheistischen Leser, dem auf Rationalität verweisenden ›honnête homme‹, daß Religion und Glauben vernünftig und somit begründet sind – und bietet damit auch diesem Typ Mensch die Chance, sich dem Glauben *unter Beibehaltung seiner Prinzipien* zu nähern: Der ›honnête homme‹ kann seiner Betonung der Vernunft treu bleiben und dennoch seine Hoffnung in den Gewinn der unendlichen Seligkeit setzen. Glauben ist damit auch für den modernen Menschen des 17. Jh. möglich – und das sogar mit rationaler Begründung.

Als das zentrale apologetische Element der gesamten *»Pensées«* muß die ›Wette‹ eine überaus wichtige und zudem sehr komplexe Aufgabe erfüllen – und daß dieser Text das gesteckte Ziel tatsächlich erreicht, liegt vor allem daran, daß PASCAL mit mathematischen – besser: mit entscheidungstheoretischen – Argumenten arbeitet: Die ›Wette‹ soll nicht nur von der Rationalität des Glaubens überzeugen, sondern benutzt selbst mathematische und damit der Vernunft zugängliche Methoden, um dieses Ziel zu erreichen. Die normalerweise mehr auf einer metaphysischen Ebene angesiedelte Frage nach dem Grund des Glaubens an Gott wird in der ›Wette‹ auf ein mathematisches, pragmatisches und damit der Vernunft zugängliches Niveau verschoben – was sonst nur schwer diskutiert und noch viel schwerer begründet werden kann, wird hier mathematisiert und dadurch kalkulier- und diskutierbar.

Durch den Transport der Glaubensfrage auf eine mathematische Ebene, vor allem aber dadurch, daß die ›Wette‹ *handlungsbestimmende Entscheidungen* diskutiert, sticht sie unter den anderen Texten der *»Pensées«* hervor. Das Fragment 233 verläßt als einziges Element dieses doch recht umfangreichen Werkes die beschreibende und analysierende Ebene und hat fast *didaktischen Charakter:* In der ›Wette‹ geht es nicht um die Beschreibung der Lage des Menschen etc., sondern um eine *handlungsbestimmende Entscheidung,* die jeder Mensch früher oder später treffen und gemäß der er handeln muß: Soll man annehmen, daß Gott existiert oder aber, daß er nicht existiert? Trotz der Anwendung von Mathematik und Pragmatik auf die Frage nach dem Glauben an Gott ist die ›Wette‹ kein theoretisierender, abstrakter Text: Durch die Veranschaulichung der mathematischen Kalkulation mit Hilfe des Glücksspiels, aber auch durch den im Text eingeflochten Dialog zwischen dem fiktivem Skeptiker und dem Apologet PASCAL gewinnt das Fragment 233 an Unmittelbarkeit und Einsichtigkeit. Die ›Wette‹ ist ein didaktischer Text mit eindeutig praktisch ausgerichteter Intention – und damit ganz verschieden von den anderen Fragmenten der *»Pensées«* wie auch von den metaphysisch-theoretischen Gottesbeweisen, von denen sich PASCAL so deutlich distanziert. Die Rationalität, die in der ›Wette‹ zur Entscheidungsfindung herangezogen wird, ist eine sehr *praktische:* Da das theoretische, wissenschaftliche Denken an Gott scheitert, bemüht PASCAL eine praktische, auf das Handeln zielende Überlegung, um den Menschen den Glauben nahezubringen. Die ›Wette‹ betrifft nicht die Existenz, das Sein Gottes, sondern das Verhalten des Menschen in Bezug auf Gott; die ›Wette‹ ist keine „abgehobene", theoretisierende Abhandlung, sondern eine auf praktische Verwendbarkeit und unmittelbaren Nutzen ausgerichtete Überlegung, die das Handeln des Menschen beeinflussen soll. – Dieser didaktische Charakter der ›Wette‹ läßt sich im übrigen auch auf das übergreifende, im Fragment 187 dargelegte *Konzept der gesamten »Pensées«* übertragen: PASCAL thematisiert zunächst das Elend des Menschen, zeigt dann mit Hilfe der ›Wette‹ die Nützlichkeit sowie die Rationalität des Glaubens auf und erzeugt schließlich mit der Ausdeutung der Heiligen Schrift (handlungsbestimmende) Liebe und Achtung vor der Religion – der Leser wird schrittweise beeinflußt und überzeugt. – Die *»Pensées«* sind damit eine praktisch ausgerichtete Schrift – nicht die abstrakte, wissenschaftlich-theoretische Diskussion der Frage nach dem Glauben oder nach Gott verfolgte PASCAL mit dieser *»Apologie des Christentums«,* sondern vielmehr *eine Beeinflussung des menschlichen Handelns in Bezug auf Gott.* Der Mensch, sein Handeln und Denken angesichts der Frage nach Gott stehen im Mittelpunkt dieser Schrift und sind Gegenstand des PASCAL'schen Interesses wie auch der PASCAL'schen Intention.

Im Kontext der umfangreichen und vielschichtigen Schrift *»Pensées«* nimmt die ›Wette‹ somit eine zentrale und überaus wichtige Position ein: Sie überzeugt von der Rationalität und Nützlichkeit des Glaubens und erzeugt damit im Atheisten Achtung vor der Religion.

Wie im Vorwort bereits angesprochen wurde, ist neben dieser Bewertung der Intention und Funktion der ›Wette‹ im Kontext der Schrift *»Pensées«* für diese Arbeit auch die Frage interessant, wie die im Fragment 233 gewährleistete Verbindung von Glücksspiel und Glauben motiviert wurde bzw., welche Intention PASCAL mit dieser Verbindung verfolgt. Vor allem aus der Betrachtung von PASCALS Leben und Wirken wurde deutlich, daß diese Verknüpfung nur dann als problematisch auffällt, wenn sie vom biographischen Hintergrund losgelöst wird: Die Gleichstellung der Entscheidung für oder gegen den Glauben mit der Entscheidung für die eine oder die andere Alternative in einem Glücksspiel erscheint nur bei einer isolierten Betrachtung der ›Wette‹ als beinahe ketzerisch – vor PASCALS Leben wird diese Verbindung naheliegend, fast schon selbstverständlich. Dem mathematisch wie auch religionsphilosophisch interessierten PASCAL erschien der bei der Frage nach dem Glauben gestellte Entscheidungsfall als übertragbar auf die Situation, in der ein Spieler sich vor dem Münzwurf befindet – und wenn letzterer sich anhand

4. Nachwort

von mathematischen und entscheidungstheoretischen Kalkulationen entscheiden kann, warum sollte diese Möglichkeit der Entscheidungsfindung dem Menschen bei der Frage nach dem Glauben nicht auch offenstehen? Warum sollten mathematische Prinzipien, warum sollte mathematische Exaktheit nicht auf religionsphilosophische Fragen, auf religiöse Entscheidungen des Menschen übertragbar sein? Hinter dem Glücksspiel verbirgt sich gerade für PASCAL, der zusammen mit FERMAT die Grundlagen der Wahrscheinlichkeitsrechnung erarbeitete, nicht zuerst ein Laster, sondern vielmehr eine mit mathematischen Prinzipien zu analysierende und zu lösende Problemstellung. Und wenn PASCAL nun das Glücksspiel als mit der Frage nach dem Glauben vergleichbaren Entscheidungsfall darstellt, bedeutet dies, daß er eine mit mathematischer Methodik lösbare Problemstellung als mit der Frage nach dem Glauben vergleichbar ansieht – das Glücksspiel ist hier einfach ein *Anwendungsgebiet der Mathematik*. Fragen nach der ethischen Qualität und der theologischen Bewertung des Spiels stellen sich in diesem Kontext nicht, es geht allein um die hinter dem Spiel verborgenen, mathematischen bzw. entscheidungstheoretischen Überlegungen und Gesetzmäßigkeiten. Darüber hinaus kann die ›Wette‹ durch ihre Nähe zum klassischen Glücksspiel das Interesse des ›honnête homme‹ sicherlich sehr viel mehr fesseln, als wenn die Frage nach der Rechtfertigung des Glaubens vermittels einer abstrakten, metaphysischen und damit „trocken" wirkenden religionsphilosophischen Überlegung abgehandelt würde.

Indes verliert die ›Wette‹ durch den Hinweis, daß mit dem Beispiel des Glücksspiels einfach die Anwendbarkeit mathematischer Prinzipien im Bereich der Religionsphilosophie ausgedrückt werde, nicht ihren Status als außergewöhnlicher Text. Die Anwendung von mathematischer Methodik auf Fragen nach dem Glauben ist für sich nicht weniger interessant und nicht weniger kulturgeschichtlich bedeutsam, als eine Gleichstellung von Glücksspiel und Glauben es wäre.

Die Postulierung des Zweifels als zentralem Mittel der Erkenntnis durch DESCARTES sowie die Übertragung der Mathematik auf religionsphilosophische Fragen in der ›Wette‹ durch PASCAL sind als Ereignisse zu sehen, welche dazu beitrugen, die abendländische Geistesgeschichte zur *Aufklärung* und damit zur modernen Geisteshaltung hinführten. Während DESCARTES vor allem die Individualität des Denkens und Forschens betonte, ist PASCAL die Übertragung der wissenschaftlich-methodischen Exaktheit in ganz neue Gebiete des menschlichen Denkens zuzuschreiben. Durch die in ihr gewährleistete Verbindung von mathematischen Prinzipien und religionsphilosophischer Fragestellung, vor allem aber durch das völlige Fehlen von Verweisen auf theologische oder philosophische Autoritäten ist die ›Wette‹ ein Text, der der auf mathematischen und empirisch abgesicherten Gesetzmäßigkeiten verweisenden Wissenschaft ein ganz neues Anwendungsgebiet erschließt und der damit das philosophische und theologische Weltbild des Mittelalters und die Methodik der Scholastik weit hinter sich läßt.

Dabei ist indes nicht der Bruch mit der Tradition das wesentliche Merkmal dieses Textes – das Infragestellen der mittelalterlichen Werte und Regeln hatte in gewissem Maße schon der Humanismus und auch die Reformation geleistet. Mit der ›Wette‹, aber natürlich auch mit DESCARTES' »*Discours de la Méthode*« [1637], GALILEIS »*Discorsi e dimostrazioni matematiche*« [1638] und PASCALS »*Vom geometrischen Geist und von der Kunst zu überzeugen*« [1658] beginnt etwas Neues – eine neue Methodik in Philosophie und Wissenschaft wie auch eine neue Geisteshaltung, die in der Aufklärung münden und ihren Höhepunkt in den Werken JOHN LOCKES [1632-1704], PIERRE BAYLES [1647-1704], VOLTAIRES [1694-1778], CHRISTIAN WOLFFS [1679-1754] und IMMANUEL KANTS [1724-1804] finden wird. Die ›Wette‹ ist somit – zusammen mit anderen, etwa zeitgleich veröffentlichten Schriften – als ein Wendepunkt in der abendländischen Geistesgeschichte zu sehen; sie verbindet Religionsphilosophie und mathematische Überlegungen zu einer ganz neuen und daher auffälligen, außergewöhnlichen Mischung. Dabei ist sie natürlich keine wissenschaftstheoretische Abhandlung über die Übertragung mathematischer und wissenschaftlicher Methoden auf geisteswissenschaftliche Gebiete – vielmehr wendet PASCAL hier das praktisch an, was er in anderen Schriften theoretisch begründete. Die ›Wette‹ ist daher als einer der ersten Anwendungsfälle der im 17. Jh. aufkommenden neuen Wissenschaftssicht zu sehen und wurde sicherlich auch deshalb so berühmt, weil PASCAL sich mit der religionsphilosophischen Frage nach dem Nutzen des Glaubens ein sehr ungewöhnliches, schwieriges und wahrscheinlich mit sehr viel Vorbehalten versehenes Thema für eine Anwendung der Mathematik in der Philosophie aussuchte.

Dabei darf die mit der ›Wette‹ ausgedrückte neuartige Wissenschaftssicht nicht darüber hinwegtäuschen, daß PASCAL den entscheidenden Schritt zur aufklärerischen Geisteshaltung nicht vollzogen hat – und somit ist die ›Wette‹ als ein Schritt hin zur modernen Geisteshaltung zu sehen, nicht aber schon als deren Vollendung. Diese Einschränkung resultiert aus dem Kontext, in dem sich die ›Wette‹ findet – betrachtet man sie als Bestandteil der »*Pensées*«, so wird deutlich, daß PASCAL Rationalität nur in einem ganz bestimmten Rahmen in die Religionsphilosophie einbinden möchte. Vor allem sein Bild von Gott und vom Menschen sowie von ihrem Verhältnis zueinander zeigt, daß hier noch nicht von einer völligen Emanzipation des Menschen, von einer absoluten Eigenständigkeit des Denkens ausgegangen wird. Die von PASCAL postulierte Machtlosigkeit des sowohl existentiell als auch rational endlichen Menschen gegenüber dem unendlichen Gott wie auch die Abhängigkeit des Schicksals des Menschen von der Gnade Gottes, die in einer absoluten Demutshaltung des Gläubigen gegenüber Gott mündet, verdeutlicht, daß man hier noch nicht von einer Abkehr von den mystisch-spekulativen Traditionen des Mittelalters sprechen kann. Bei PASCAL ist der Glauben an die Kraft des menschlichen Denkens noch nicht total, seine Grenze findet der Mensch bei PASCAL noch immer in Gott. Wie schon bei der Diskussion der Auseinandersetzung PASCALS mit dem Gottesbeweis des DESCARTES im Kapitel 3.2.2 deutlich wurde, geht PASCAL hier einen Schritt nicht mit, den seine Zeitgenossen sehr wohl schon vollzogen: In Bezug auf Gott ist der Mensch bei PASCAL machtlos, sein Denken versagt am Gegenstand Gott. Man kann als Mensch sein *Handeln in Bezug auf Gott* mit Hilfe von entscheidungstheoretischen Überlegungen überprüfen oder anleiten – und genau dies versucht die ›Wette‹ –, nicht aber Aussagen über Gott selbst, sein Dasein oder Wesen machen. Vor dem Hintergrund von PASCALS Biographie ist die Beschränkung des menschlichen Erkenntnisvermögens durch die Ausklammerung von Gott nicht verwunderlich: Als erklärter Anhänger und Verteidiger der jansenistischen Prädestinationslehre ist es PASCAL unmöglich, Gottes Dasein oder Wesen als Gegenstand der menschlichen Erkenntnis zu sehen, seine Demut gegenüber Gott macht es ihm unmöglich, rationale Methodik auf diesen Bereich des Lebens und Forschens zu beziehen.

PASCAL ist somit als eine Persönlichkeit zu sehen, die eine mittelalterlich anmutende, jansenistische Frömmigkeit und religionsphilosophische Lehre mit einer aufklärerischen Haltung in Bezug auf Wissenschaftstheorie und Technik verbindet. Dabei ist die ›Wette‹ doppelt bedeutsam: Zum einen zeigt sie, daß PASCAL sehr wohl von einer Anwendbarkeit der Rationalität und vor allem der empirischen Wissenschaften auf religionsphilosophische Fragen ausgeht, zum anderen zeigt die ›Wette‹ aber auch die Grenze auf, die PASCAL nicht überschreiten darf: Die ›Wette‹ beantwortet die Frage nach der Nützlichkeit des Glaubens für den Menschen, läßt aber Gott sowohl hinsichtlich Dasein als auch Wesen unberührt; nicht Gott, sondern der Mensch und sein Handeln in Bezug auf Gott sind Gegenstand der ›Wette‹.

Damit markiert dieser Text eine Übergangssituation – einen Zustand, in dem aufklärerische Gedanken schon vorhanden, aber noch nicht in alle Gebiete des menschlichen Denkens und Handelns eingeflossen sind. PASCAL kann sich von Traditionen und Autoritäten emanzipieren und für die empirische Wissenschaft die absolute Eigenständigkeit des menschlichen Denkens postulieren – in Theologie und Religionsphilosophie bleibt er indes der Reduktion des Menschen auf eine tradierte, eher passive und abwartende Haltung verbunden. Wenn man die ›Wette‹ vor dem Hintergrund der in ihr gewährleisteten, frühen Verbindung von Mathematik und Religionsphilosophie betrachtet, andererseits aber auch die von PASCAL postulierte Unerreichbarkeit Gottes für das Denken des Menschen berücksichtigt, so erscheint dieser Text wie ein Zwischenschritt, wie das Zeugnis einer Übergangssituation. Hier verbindet sich mittelalterliche Frömmigkeit mit jansenistischer Prädestinationslehre und einem aufklärerischen Glauben an die Kraft des menschlichen Denkens zu einer Mischung, die wohl bei PASCAL einzigartig ist. Nicht zuletzt wird diese Verbindung verschiedenster, fast widersprüchlich erscheinender Prinzipien und Ansichten zu der Popularität beigetragen haben, die die ›Wette‹ auch heute noch besitzt: In kaum einem anderen Text manifestiert sich der Übergang zur modernen Geisteshaltung in einer solchen Schärfe und anhand eines so interessanten Themas wie in der in der ›Wette‹ scheinbar gegebenen Gleichstellung von Glücksspiel und Glauben. – Daneben gewinnt die ›Wette‹ durch die Verbindung von der Frage nach dem Glauben mit der Frage nach der Entscheidung in einem Glücksspiel eine unglaubliche Zeitlosigkeit: Die Integration entscheidungstheoretischer Überlegungen, deren Anlehnung an das Glücksspiel sowie der gleichzeitige Verzicht auf metaphysische und abstrakte Gedanken gewährleistet, daß die ›Wette‹ noch heute und auch in Zukunft ein praktisch einsetzbares und leicht zugängliches universales apologetisches Mittel sein wird.

Im kurzen Text der ›Wette‹ finden sich somit viele Facetten von PASCAL Persönlichkeit wieder: Sein Interesse an Religionsphilosophie und Mathematik, sein jansenistisches Glaubensbekenntnis sowie sein – eingeschränkter – Glauben an die Kraft des menschlichen Denkens. Wenn man in dem doch recht umfangreichen Lebenswerk PASCALS nach einem Text sucht, der möglichst viele seiner Interessengebiete und Ansichten wiedergibt, kann man auf das Fragment 233 der »*Pensées*« zurückgreifen: Die ›Wette‹ ist so vielschichtig wie PASCALS Leben und Denken es selbst waren.

5 LITERATURVERZEICHNIS

Blaise Pascals Werke in Gesamt- und Einzelausgaben

Pensées - Über die Religion und über einige andere Gegenstände. [1670]
Übers. und hrsg. von E. Wasmuth.
Heidelberg: Lambert Schneider. 7. Auflage 1972.
Neudruck der 5., neu bearb. und erw. Auflage von 1954.

Mémorial. [1654]
In: Pensées. S. 248-249.
Übers. und hrsg. von E. Wasmuth.
Heidelberg: Lambert Schneider. 7. Auflage 1972.
Neudruck der 5., neu bearb. und erw. Auflage von 1954.

Das Mysterium Jesu. [~1654]
In: Pensées. S. 242-247.
Übers. und hrsg. von E. Wasmuth.
Heidelberg: Lambert Schneider. 7. Auflage 1972.
Neudruck der 5., neu bearb. und erw. Auflage von 1954.

Die Kunst zu überzeugen - und die anderen kleineren philosophischen und religiösen Schriften.
Übers. und hrsg. von E. Wasmuth.
Heidelberg: Lambert Schneider. 3., neu bearb. Auflage 1963.

Vom geometrischen Geist und von der Kunst zu überzeugen. [1658]
In: Die Kunst zu überzeugen. S. 51-103.
Übers. und hrsg. von E. Wasmuth.
Heidelberg: Lambert Schneider. 3., neu bearb. Auflage 1963.

Fragment einer Einleitung zu einer Abhandlung über die Leere. [1647]
In: Die Kunst zu überzeugen. S. 19-29.
Übers. und hrsg. von E. Wasmuth.
Heidelberg: Lambert Schneider. 3., neu bearb. Auflage 1963.

Gebet, um von Gott den rechten Nutzen der Krankheit zu erflehen. [1660]
In: Die Kunst zu überzeugen. S.148-160.
Übers. und hrsg. von E. Wasmuth.
Heidelberg: Lambert Schneider. 3., neu bearb. Auflage 1963.

Œuvres de Blaise Pascal. 14 Bände.
Reihe: Les Grands Écrivains de la France - Nouvelles Éditions.
Hrsg. von L. Brunschvicg.
Paris: Librairie Hachette. 1904-1914.
Nachdruck: Vaduz: Kraus. 1965.

Pascal: Œuvres Complètes. 1 Band.
Hrsg. von L. Lafuma.
Paris: Éditions du Seuil. 1963.

Werkausgaben anderer Autoren

ANSELM VON CANTERBURY: Proslogion.
Lat.-dt. Ausgabe. Hrsg. und übers. von P. Schmitt.
Stuttgart: Frommann. 1962.

CHATEAUBRIAND, FRANÇOIS: Génie du christianisme. [1802]
In: Œuvres Complètes de Chateaubriand. Nouvelle Édition.
Band II. Hrsg. von M. Sainte-Beuve.
Paris: Librairie Garnier. 1939.
Nachdruck: Nendeln: Kraus Reprint. 1975.

DESCARTES, RENÉ: Meditationen über die Grundlagen der Philosophie mit den sämtlichen Einwänden und Erwiderungen. [1641]
Hrsg. und übers. von A. Buchenau.
Hamburg: Meiner. 1972.
Unveränderter Nachdruck der 1. dt. Gesamtausgabe 1915.

DIDEROT, DENIS: Pensées Philosophiques. [1746]
In: Œuvres Complètes de Diderot. Band I. S. 123-170.
Hrsg. von J. Assézat.
Paris: Garnier Frères. 1875.
Nachdruck: Nendeln: Kraus Reprint. 1966.

KIERKEGAARD, SÖREN: Philosophische Brocken. [1844]
Übers. von E. Hirsch.
Düsseldorf/ Köln: Diederichs. 1960.

Sekundärliteratur

BEGUIN, ALBERT: Blaise Pascal in Selbstzeugnissen und Bilddokumenten.
Reihe: Rowohlts Monographien.
Hrsg. von K. Kusenberg.
Hamburg: Rowohlt. 1959.

CLIFFORD, WILLIAM K.: The Ethics of Believe.
In: The Ethics of Believe Debate. S. 19-36.
Hrsg. von G. MacCarthy.
Atlanta: Scholars Press. 1986.

GRÜTZMACHER, HELMUT: Pascal und Port-Royal.
Hamburg: Prieß. 1935.

GUARDINI, ROMANO: Christliches Bewußtsein - Versuche über Pascal. [1935]
Mainz/Paderborn: Schöningh/ Grünewald. 4. Auflage 1991.
Nachdruck der 3. Auflage 1956.

HACKING, IAN: The Emergence of Probability. A philosophical study of early ideas about probability, indication and statistical inference.
Cambridge: University Press. 1975.

JORDAN, JEFF (HRSG.): Gambling on God. Essays on Pascal's Wager.
Lanham: Rowman & Littlefield. 1994.

JORDAN, JEFF: The Many-Gods Objection.
In: Gambling on God. S. 101-113.
Hrsg. von J. Jordan.
Lanham: Rowman & Littlefield. 1994.

KUMMER, IRÈNE E.: Blaise Pascal - Das Heil im Widerspruch. Studien zu den Pensées im Aspekt philosophisch-theologischer Anschauungen, sprachlicher Gestaltung und Reflexion.
Berlin/ New York: de Gruyter. 1978.

LAUX, HELMUT: Entscheidungstheorie.
Berlin/ Heidelberg/ New York: Springer.
4. neu bearb. und erw. Auflage 1998.

MACCARTHY, G. (HRSG.): The Ethics of Believe Debate.
Atlanta: Scholars Press. 1986.

MESNARD, JEAN: Pascal.
Paris: Hatier.
5. bearb. und erw. Auflage 1967.

PENELHUM, TERENCE: Religion and Rationality. An Introduction to the Philosophy of Religion.
New York: Random House. 1971.

QUINN, PHILIP L.: Moral Objections to Pascalian Wagering.
In: Gambling on God. S. 61- 81.
Hrsg. von J. Jordan.
Lanham: Rowman & Littlefield. 1994.

RESCHER, NICOLAS: Pascal's Wager. A Study of practical reasoning in philosophical theology.
Notre Dame, Indiana: University Press. 1985.

RÖD, WOLFGANG (HRSG.): Die Philosophie der Neuzeit 1. Von Francis Bacon bis Spinoza.
Reihe: Geschichte der Philosophie. Band VII.
Hrsg. von W. Röd.
München: Beck 1978.

RÖD, WOLFGANG: Blaise Pascal und die Logik von Port-Royal.
In: Die Philosophie der Neuzeit 1. S. 98 - 111.
Hrsg. von W. Röd.
München: Beck 1978.

SCHLESINGER, GEORGE: A Central Theistic Argument.
In: Gambling on God. S. 83 - 99.
Hrsg. von J. Jordan.
Lanham: Rowman & Littlefield. 1994.

SCHNEIDER, PIUS: Saint-Cyran und Augustinus im Kulturkreis von Port-Royal.
Reihe: Romanische Studien. Heft 29.
Hrsg. von E. Ebering.
Berlin 1932. Nachdruck: Nendeln: Kraus. 1967.

STEGMÜLLER, WOLFGANG:	**Probleme und Resultate der Wissenschaftstheorie und Analytischen Philosophie.** Band I: Wissenschaftliche Erklärung und Begründung. Studienausgabe Teil 3: Historische, psychologische und rationale Erklärung. Kausalitätsprobleme, Determinismus und Indeterminismus. Berlin/ Heidelberg/ New York: Springer. 1969.
STEINMANN, JEAN:	**Pascal.** Übers. von G. Coudenhove. Stuttgart: Schwabenverlag. 1954.

www.ingramcontent.com/pod-product-compliance
Lightning Source LLC
Chambersburg PA
CBHW020127010526
44115CB00008B/1009